Siegmund Kanner

Das Lotto in Österreich - ein Beitrag zur Finanzgeschichte Österreichs

Siegmund Kanner

Das Lotto in Österreich - ein Beitrag zur Finanzgeschichte Österreichs

ISBN/EAN: 9783743405097

Hergestellt in Europa, USA, Kanada, Australien, Japan

Cover: Foto ©Suzi / pixelio.de

Manufactured and distributed by brebook publishing software (www.brebook.com)

Siegmund Kanner

Das Lotto in Österreich - ein Beitrag zur Finanzgeschichte Österreichs

Das Lotto in Österreich.

Ein Beitrag zur Finanzgeschichte Österreichs.

Inaugural-Dissertation

zur

Erlangung der staatswissenschaftlichen Doktorwürde

vorgelegt der

rechts- und staatswissenschaftlichen Facultät

der

Kaiser Wilhelms-Universität Strassburg

von

Siegmund Kanner

aus Wien.

STRASSBURG i. E.
Buchdruckerei C. & J. GŒLLER, Magdalenengasse 20.
1898.

Inhalts-Verzeichnis.

	Seite
I. Die Geschichte des Lottos . . .	1
II. Das Lotto in statistischer Beleuchtung .	24
III. Lotto und Volkswirthschaft .	33
IV. Der Kampf um das Lotto . .	51
V. Zahlenlotto oder Klassenlotterie?	67
Anhang . .	75

I.

Die Geschichte des Lottos.

Als Maria Theresia im Jahre 1740 die Regierung antrat, bot die Finanzlage des Reiches ein überaus trauriges Bild dar. Der Schatz Karl VI. wies einen Bestand von 20.000 Gulden auf; die ungeheuren Ausgaben, die ein achtjähriger kostspieliger Krieg verschlungen hatte, die Schulden Oesterreichs, die auf nahezu zwölf Millionen Gulden angewachsen waren, und der Verlust des grössten Theiles von Schlesien nöthigten die Kaiserin im Jahre 1748, bald nach dem Frieden von Aachen, an eine Regelung der Finanzen zu denken. Die Finanzkräfte Oesterreichs schienen zudem nicht allzu gross zu sein. Die Staatseinnahmen flossen hauptsächlich aus den Steuern, den Gebühren und den Regalien. Die Domänen des Hauses Oesterreich waren kaum mehr von Bedeutung: das reiche Fiscalgut der Babenberger und der ersten Habsburger war längst verschleudert; im 14. und 15. Jahrhundert, als die Rechte der Krone so hart bedrängt wurden, war es grösstentheils in den Besitz der Stände übergegangen. Zu den geringen Staatseinnahmen standen in grellem Widerspruch die ungeheuren Ausgaben für die Erhaltung der Armee, die verschwenderische Hofhaltung Maria Theresia's, die auch während der Kriege keine Veränderung erfuhr, und ihre ins Grosse gehende Freigebigkeit.

Unter diesen Verhältnissen schien eine einschneidende Finanzreform kaum länger mehr aufschiebbar. Maria Theresia griff denn auch gleich mit starker Hand ein und bediente sich zur Verwirklichung ihrer Pläne des hochverdienten Grafen Friedrich Wilhelm Haugwitz, der nicht nur der geistige Urheber des neuen Systems ist, sondern es auch zum grossen Theil selbst zur Ausführung gebracht hat. Die Finanzreformen unter Maria Theresia wurden von der weittragendsten Bedeutung für Oesterreich, dessen Bestand vielleicht gerade sie gesichert haben. Es vollzog sich damals der Uebergang von der altständischen Verfassung in eine rein staatliche. Zunächst hiess es, mit den alten Administrationsformen aufräumen. Die Justiz wurde aus der politischen Verwaltung ausgeschieden, und für alle anderen Gegenstände nach Berliner Vorbild das grosse „Directorium in publicis et cameralibus" errichtet, dessen Vorsteher Graf Haugwitz selbst wurde. Eine ähnliche Trennung wurde auch für die Provinzialbehörden vollzogen.

Die Neuorganisation, mehr aber noch der frische Zug, der durch Haugwitz in die Verwaltung kam und den Actenstaub von Jahrhunderten wegfegte, zeigten bald ihre Wirkung. Ungeachtet der grossen Kriege und der gesteigerten Verwaltungskosten begannen die Staatseinnahmen stetig zu wachsen: während sie unter Karl VI. kaum 30 Millionen Gulden betragen hatten, stiegen sie unter Maria Theresia noch in demselben Jahre, in welchem die neue Verwaltungsära inaugurirt wurde, bereits auf 36 Millionen, 1754 auf 39—40 Millionen und erreichten während der Regierung der Kaiserin die Höhe von fast 76 Millionen Gulden.

Die Aenderungen in der Administration, die Graf Haugwitz vornahm, waren keineswegs bloss formaler Natur, sondern von tief einschneidender Bedeutung. Die Contribution, die noch immer die weitaus wichtigste staatliche Einnahmequelle war — sie begriff eine Reihe von Abgaben in sich wie die alte Grundsteuer, die Gild, die Vermögenssteuer u. s. w. — bekam jetzt eine neue Form und einen neuen Inhalt. Während sie früher nur langsam und unzuverlässig durch die Reichsstände eingezogen wurde, und der Hof niemals wissen konnte, welche Summe im nächsten Jahre eingehen werde, da soviel von dem guten Willen der Landstände abhing, gelang es dem Grafen Haugwitz im Jahre 1748, mit den böhmischen und österreichischen Ständen den sogenannten „Decennalrecess" zu errichten, kraft dessen die Naturalleistungen für die Armee reluirt wurden, wofür die Stände auf zehn Jahre im voraus zur Deckung sämmtlicher Staatsbedürfnisse für jedes Jahr eine gewisse Steuersumme bewilligten. Die Contribution, die höher war als in früheren Jahren, sollte jedoch innerhalb dieser zehn Jahre nicht weiter erhöht werden [1]). Neben der alten Kopfsteuer, die 1746 wieder eingeführt worden war, entstanden an neuen Steuern die Kapitaliensteuer und die Erbsteuer. Ausserdem stiegen durch die Genauigkeit, die jetzt in die Verwaltung kam, die Staatseinkünfte von Jahr zu Jahr und bei Eintreibung der Steuern, mehr aber noch der Contribution, wurde mit der grössten Strenge vorgegangen.

Das Beispiel des Grafen Haugwitz verfehlte nicht, auch die andern Minister anzueifern, an eine ähnliche Erhöhung der Einkünfte in ihren Ressorts zu denken. Es hatte sich eben ein völliger Umschwung vollzogen; die erhöhten Anforderungen des Staatslebens, die ungeheuren Ausgaben für lang andauernde Völkerkriege und das dadurch hervorgerufene Anwachsen der öffentlichen Schuld zu einer alles frühere Maass weit übersteigenden Höhe zwangen, alle vorhandenen Hilfsmittel stärker in Anspruch zu nehmen und womöglich neue ausfindig zu machen.

Während man so in allen Ressorts nach neuen Ideen Ausblick hielt, um die bereits vorhandenen Einnahmequellen ergiebiger zu machen, lenkte der italienische Chevalier Octavio Cataldi die Aufmerksamkeit der Kaiserin auf eine neue Finanzeinrichtung, die in anderen Staaten wie Italien, Bayern und der Schweiz bereits eingeführt sei und ein bedeutendes Erträgnis abwerfe: auf das Lotto.

Dieses war in Genua im ersten Drittel des siebzehnten Jahr-

---

[1]) Vgl. Ranke: „Maria Theresia, ihr Staat und ihr Hof" in der Historisch-politischen Zeitschrift, II., S. 689 ff.

hunderts aufgekommen. Man nennt als seinen Erfinder den Genueser Rathsherrn Benedetto Gentile, auf dessen Vorschlag bei den Wahlen zum Grossen Rathe die Namen der neunzig Bewerber in ein Glücksrad gebracht wurden, aus dem diejenigen der fünf Senatoren gezogen wurden [1]). Die allgemeine Spannung und Aufregung vor den Wahlen, die durch den dabei waltenden blinden Zufall noch erhöht wurde, sowie den aleatorischen Geist der Bevölkerung wussten sich einige Genueser Banquiers zunutze zu machen und versprachen Jedem, der eine Goldpistole als Einsatz gebe und die Namen aller fünf durch das Los zu wählenden Senatoren errathe, 20.000 Goldpistolen; waren nur drei oder vier Namen errathen, so wurden 500—600, bezw. 5000—6000 Pistolen ausbezahlt. Diese Wetten wurden bei der Bevölkerung so rasch beliebt, dass sich zur besseren Ausnützung der immer wachsenden Wettlust bald eigene Banken bildeten, bis schliesslich der Genuesische Staat, in Erkenntnis der wirtschaftlichen Bedeutung dieses Spieles und nicht zuletzt aber auch der darin liegenden guten Einnahmequelle, die Leitung dieser Wetten selbst übernahm. Allmälig, indem man der Einfachheit halber statt der Namen blosse Zahlen besetzte, entwickelte sich aus diesen Wetten das förmliche Lotto, das sich in den Grundzügen seiner Organisation bis auf den heutigen Tag wenig verändert hat; als sein Entstehungsjahr nimmt man das Jahr 1662 an.

Von Genua beginnt es alsbald seinen Siegeszug durch Europa. Rasch verbreitet es sich über Mailand, Mantua, Turin, Venedig, Florenz, Neapel und kommt auch nach Rom, wo es nach kurzer Zeit wegen zu reger Betheiligung der Bevölkerung vom Papst Benedict XIII. verboten, von dessen Nachfolger Clemens XII. aber, da die Androhung der schwersten Strafen (Galeeren!) das heimliche Lottospiel kaum

---

[1]) Eine Anekdote erzählt, just sein eigener Name sei niemals aus dem Glücksrade gezogen werden, weshalb in Genua die Sage gegangen, der Teufel habe ihn und seinen Namen geholt. Bei einer späteren Reparatur fand sich jedoch sein Name darin. Vgl. Heinrich Bender: Die Lotterie, eine jurist. Abhandlg., Heidelberg, 1832, S. 8.

einschränken, geschweige denn verhindern konnte[1]), wieder und diesmal auf eigene Rechnung aufgenommen wird. Im Jahre 1735 hat es schon die Alpen überschritten und sich in München festgesetzt.

In Oesterreich — wenn sich dieses auch noch keines eigenen Lottos zu erfreuen hatte — war es schon seit langem nichts Unbekanntes mehr, wie denn überhaupt Glücksspiele in diesem Lande immer einen guten Boden gefunden haben. Damals wurden in Oesterreich eine Menge von Lotterien gezogen — erwähnt sei statt vieler anderen als grösste die der Orientalischen Kompagnie — und auch in fremden Lotterien wurde häufig gespielt, besonders im Genuesischen Lotto, das über ganz Europa ein dichtes Netz von Agenturen ausgebreitet hatte. Die Verführung, in Oesterreich eine eigene Zahlenlotterie anzulegen, war darum eine sehr grosse; sie wurde noch verstärkt durch die Nachrichten von den äusserst hohen Erträgen, die das Lotto in Italien abwarf und die es als eine immerhin beachtenswerte Einnahmequelle für den Staat erscheinen lassen mussten [2]).

So entschloss sich denn auch die Kaiserin zur Einführung des Lottos in Oesterreich. Bei dem merkantilistischen Geist, der das theresianische Zeitalter beherrschte, war es selbstverständlich, dass die Leitung dieses Spieles unter der Aufsicht des Staates erfolgte und geradezu zu einem Regal gemacht wurde; es war ein aus fremden Ländern herüber gekommenes, gleichsam herrenloses Gut, dessen Regalisirung kein vorhandenes Interesse zu verletzen schien. Im übrigen war für sein Gedeihen die publica fides nicht zu entbehren, ohne die das Zutrauen der Spieler kaum gewonnen werden konnte. Diese Ansicht wurde auch von dem sehr angesehenen Justi vertreten, der sogar noch weiter ging. „Da diese Lotterien", schrieb er [3]), „vortheilhaftig, und für das Volk

[1]) Vgl. Paul Johann Marperger: Montes pietatis. Leipzig und Ulm. 1760. S. 544 f.

[2]) In Neapel z. B. soll das Lotto in einem Jahre an 900 000 Dukaten Reinertrag abgeworfen haben. (Marperger, a. a. O.).

[3]) In seiner „Staatswirtschaft" (1758), S. 459.

sehr anreizend sind: so sind sie in der That eine Art der Abgabe, die für niemand als den Landesherrn gehöret".

Ein weiterer, die Einführung des Lottos begünstigender Umstand war der in den Rechtsanschauungen der damaligen Zeit eingetretene Umschwung, welcher die Entwicklung der Glückspiele, insbesondere des Lottos, so förderte: während nach römischem Recht die Lotterien unbedingt den verbotenen Glücksspielen zuzurechnen sind, beurtheilte sie die damals herrschende kanonistische Doktrin bei weitem milder und qualificirte sie als „von Natur aus erlaubte Verträge" [1]).

Cataldi's Project wurde genehmigt; er erhielt ein „Privilegium privatum" zur Veranstaltung einer Zahlenlotterie in Wien für die Zeit vom 1. April 1752 bis 31. März 1762. „Dahero sind Wir hierzu um so mehrers bewogen worden", heisst es in dem Patent vom 13. November 1751 betreffend ein Lotterie-Privilegium [2]), „als Uns glaubwürdig beygebracht worden ist, dass Viele in Unsern Erbländern befindliche Insassen und besonders die Fremden hierzu eine Neigung und Verlangen tragen, auch wirklich auf auswärtigen Lotterien spielen, von welchen Lotterien nicht allein hier in Wien, sondern auch in vielen andern Hauptstädten und Oertern, die Collectores und Commissarien aufgestellet sind. Weil nun unter den verschiedenen Arten der Lotterien diejenige unter dem Namen Lotto di Genova bekannt und nicht allein in Unsern und Unsers herzgeliebtesten Herrn Gemahls des römischen Kaisers Majestät und Liebden Erbländern, sondern auch von vielen Jahren her, in dem päpstlichen Gebiete, und fast in allen Ländern und Staaten eingeführet ist, massen dieser Lotto di Genova den leichtesten Begriff und geschwindesten Ausgang hat, auch dergestalt beschaffen ist, dass jedermann den Preiss des Spieles, auch in der mindesten Gattung des Geldes von selbst erwählen, mithin in

---

[1]) Vgl. Endemann, Beiträge zur Geschichte der Lotterien und zum heutigen Lotterierecht. Bonner Inaug.-Dissertation, 1882, S. 41 ff.

[2]) Codex Austriacus, V. S. 606 ff. — Vergl. auch Anhang S. 75.

vollkommener Freyheit, nach seinem Vermögen, Stande und Neigung etwas aussetzen und dem Glücke unterwerfen kann". Dem Cataldi wird der Betrieb des Lottospiels vorläufig in Pacht gegeben, um es später, wenn sich die Lebensfähigkeit des neuen Unternehmens erst erwiesen hat, ganz in staatliche Regie zu übernehmen. Für jede Ziehung — es wurde alle drei Wochen eine solche veranstaltet — hat Cataldi an die Kaiserin die Summe von 11,000 Gulden zu bezahlen, wogegen er mit mannigfachen Vorrechten ausgestattet wird. So verbietet das Patent zu Cataldi's Gunsten alle inländischen Lotterien mit Ausnahme der Silberglückshäfen. „Es soll nicht mehr erlaubt seyn", sagt das Patent, „auf auswärtigen Lotterien zu spielen, oder sich dahin directe oder indirecte zu interessieren, noch weniger aber gestattet werden, dass jemand für auswärtige Lotterien in diesen Ländern einiges Geld colligire oder eine Correspondenz dahin führe, weder darum einige Plane oder Lose habe." Weiters ist Cataldi befugt, an beliebigen Orten innerhalb der Erbländer Lotterien zu errichten oder Collecteure anzustellen und für die Herstellung der notwendigen Drucksorten eine eigene Druckerei zu errichten. Den Lotterie-Hauptbüchern wird derselbe rechtliche Glauben beigelegt wie den Büchern der fürstlichen Aemter, und seine Gehilfen werden den Beamten der k. k. Gefälle an Rechten und Würden gleichgestellt. Zur Sicherstellung hat Cataldi eine Caution von 300,000 Gulden in das Wiener Stadt-Banco zu hinterlegen, wogegen die Lotteriekammer befugt wird, die entfallenden Gewinnste direct aus der Stadtbanco-Hauptkasse auszubezahlen.

Als Anhang zu dem Patente erschien ein „Entwurf oder Plan, nach welchem die neue Lotterie, oder der sogenannte Lotto di Genova eingerichtet ist." Demzufolge besteht das Lotto aus 90 Losen mit den Nummern 1—90, auf deren jedes vor jeder Ziehung der Name eines armen Mädchens zu schreiben ist. Die Ziehung wird öffentlich und in Anwesenheit des Lotteriesecretarius von vier Commissarien vorgenommen. Nachdem die neunzig Lose in das Glücksrad gelegt und durcheinander gemischt worden sind, werden fünf Nummern nacheinander durch einen Knaben herausgezogen; diese, die Gewinnstnummern, sind am folgenden Tage durch den Druck zu publiciren. Die fünf Mägdlein, deren Namen gezogen sind, erhalten von der Lotteriekammer je 30 Gulden als „Heiratssteuer". Der Einsatz ist, von einem Groschen aufwärts, unbeschränkt hoch. Wird eine Nummer errathen, so erhält der Gewinner das Zwölffache, setzt er sie mit dem Bemerken, dass sie an einer bestimmten Stelle, d. i. als erste, zweite u. s. w. der gezogenen Zahlen herauskommen wird, das Sechzigfache des Einsatzes; beim Errathen von zwei Nummern (Ambo) wird das 225fache und bei drei Nummern (Terno) das 3000fache des Einsatzes vergütet. Die Einlagen in die Lotterie geschehen bei den von der Lotteriekammer bevollmächtigten Collecteuren und nur in baarem; der Spieler erhält einen Interimsschein ausgestellt, auf dem die gesetzten Nummern, der Betrag der Einlage und die Höhe des möglichen Gewinnes vermerkt sind und der einige Tage darnach gegen ein von der Lotteriekammer und Cataldi gefertigtes Originalbillet eingetauscht wird. Die Auszahlung der Gewinnste erfolgt 24 Stunden nach jeder Ziehung; ein Gewinnst, der innerhalb sechs Monaten nicht eingezogen wird, verfällt.

Nach Ablauf dieses Pachtvertrages, bei dem wohl beide Contrahenten ihre Rechnung gefunden haben dürften [1]), erhielt Cataldi durch Patent vom 16. Januar 1762 [2]) sein Privilegium auf weitere acht Jahre erneuert; er erhält es wieder, weil er

---

[1]) Dass die Pächter nicht zu kurz gekommen sind, deutet eine Stelle in Schlözer's Briefwechsel (59. Heft, Göttingen 1782) an, wonach „seit der Errichtung des Lotto di Genova in Wien, gegen das Jahr 1750 bis 1769 einschliesslich, in die Recetten eingegangen 21,000,000 Gulden. Daran hat der Hof gezogen 3,460,000 fl. Auf die Unterhaltung des Personalis sind daraufgegangen 2,080,000fl. An Gewinnsten sind herausgezogen worden 7,000,000 fl. Folglich sind 8,000.000 und der Rest in den Beutel der Pächter und Theilhaber gefallen. Notiert im Jänner 1770."

[2]) Cod. Austr. V. S. 255 ff.

nicht ohne Erfolg das Lotto in Oesterreich eingeführt und überdies das „annehmbarste Gebot" unter den Bewerbern gemacht habe. Nachdem der zweite Vertrag mit Cataldi zu Ende, erscheint ein neues Pächterconsortium auf der Bildfläche: Andre Baratta und dessen Compagnie, dem das Lottoprivileg mit Patent vom 17. März 1770 [1]) auf die Dauer von acht Jahren. d. i. bis zum 31. März 1778 verliehen wird. Der Vertrag gilt wie die früheren bloss für die deutschen und ungarischen Länder und die Grafschaft Tirol; ausgenommen sind die vorderösterreichischen Länder, das Herzogthum Siebenbürgen und das Temesvarer Banat. Wie bisher blieben die anderen Lotterien verboten mit Ausnahme des Silberglückshafens und der Wiener Porcellainelotterie auf den Jahrmärkten. Baratta hatte eine Pachtsumme von 400.000, später 525.000 Gulden, nebst dem vierten Theil, sodann vier Fünftel des Reingewinnes zu bezahlen [2]).

Aus den stets steigenden Pachtsummen ist unschwer zu schliessen, dass sich die Einführung Cataldi's in Oesterreich ausserordentlich bewährt haben muss. Die Spiellust der Bevölkerung schien keine Grenzen zu haben, denn trotzdem es in Oesterreich nun schon ein eigenes Lotto gab, das dank einer guten Organisation in allen Theilen des Landes den Spieltrieb befriedigen zu können geeignet schien, wurde trotz des wiederholt erlassenen strengen Verbotes noch immer in fremden Lotterien gespielt. Erklären lässt sich die Vorliebe für die fremden Lotterien allerdings: einmal dürften die Collecteure dieser Lotterien, die nur heimlich ihr Geschäft betreiben konnten, geschäftskundiger und eifriger gewesen sein; dann aber lockten die ausländischen Lotterien, abgesehen von dem Reiz, den das Verbotene immer hat, auch durch bessere Gewinnstchancen. Dies geht aus der folgenden Zusammenstellung klar hervor.

---

[1]) Cod. Austr. V. S. 1312 ff.

[2]) Vgl. Adolf Beer: Der Staathaushalt Oesterreich-Ungarns seit 1868. S. 121 f.

Es wurden um diese Zeit in Frankreich, Bayern und Oesterreich die Gewinnste nach folgendem Verhältnisse ausbezahlt:

	in Frankreich.	in Bayern.	in Oesterreich.
für den unbest. Auszug	das 15fache	das 15fache	das 12fache
für den bestimmt.	„ „ 70 „	„ 75 „	„ 60 „
für die Ambe	„ 270 „	„ 270 „	„ 225 „
für die Terne	„ 5500 „	„ 5400 „	„ 3000 „

Ausserdem konnten in den fremden Lotterien auch Quaternen gespielt werden.

Um gegen die ausländischen Lotterien besser concurriren zu können, wird verboten [1]), auswärtige Lotterien künftighin in den Zeitungen anzukündigen (21. I. 1769) und durch Hofdecret vom 26. Januar 1770 dieses Verbot erneuert [2]), ebenso wie das Verbot des Spielens in solchen Lotterien; auf die Uebertretung dieser Verbote werden hohe Geldstrafen gesetzt, von denen $1/3$ dem Denunzianten, $1/3$ dem Aerar und $1/3$ der Lotteriekammer gebührt. Weiters wird im Vertrag mit Baratta der Spielplan dahin abgeändert, dass fürderhin für den unbestimmten Auszug das 14fache, für den bestimmten Auszug das 67fache, für die Ambe das 240fache und für die Terne das 4800fache des Einsatzes im Falle des Gewinnes ausbezahlt wird.

Endlich erhält der kaiserliche Hofagent Abraham Wezlar von der Kaiserin das Privileg, in den gesammten deutschen und ungarischen Erbländern neben dem Lotto di Genova eine grosse Lotterie in Wien zu spielen. „Daher Wir Uns auch hierzu um so mehr bewegen lassen", sagt das diesbezügliche Patent [3]) vom 29. März 1770, „als Uns glaubwürdig vorgestellt worden ist, dass viele in Unseren Erblanden befindliche Insassen, und besonders die Fremden hierzu eine Neigung und Verlangen tragen und dass sie wirklich des durch Unsere bisherigen Patente er-

---
. [1]) Cod. Austr., V. S. 1171.
[2]) Cod. Austr., V. S. 1298.
[3]) Cod. Austr., V. S. 1323 ff.

gangenen Verbotes ungeachtet, in die Holländischen, und andere dergleichen auswärtigen Lotterien unter der Hand häufig spielen, auch sogar hier, und in vielen andren Hauptstädten, und Orten Kollecturen und Kommissarien heimlich aufgestellt sind".

Die Pachtsocietät, der das neue Privilegium ähnlich wie dem Baratta auf acht Jahre (1. April 1770 bis 31. März 1778) ertheilt wird, erhält den Titel einer „privilegirten kaiserl. königl. grossen Lotterie-Direction in Wien" und bekommt dieselben Befugnisse und Freiheiten zugestanden wie die Pachtsocietät des Lottos. Es sollen 6000 Lose zum Preise von 50 Gulden ausgegeben werden mit 2000 Treffern, so dass auf zwei Nieten ein Gewinnst fällt. Von den entfallenden Gewinnsten sind 12 Procent abzuzuziehen, theils zur Bestreitung der Kosten, theils für eine milde Stiftung. Dieselbe Lotterie-Direktion bekommt ferner durch ein weiteres Patent [1]) vom 29. März 1770 das Privileg für eine Klassenlotterie für diejenigen Landestheile, die bisher vom Lotto eximirt sind, d. i. für die österreichischen Vorlande, für Siebenbürgen und für das Temesvarer Banat. Ausgegeben werden

in der 1. Classe 1500 Lose à 3 fl. = 45.000 fl.
„ „ 2. „ „ „ 3 fl. = 45.000 fl.
„ „ 3. „ „ „ „ 4 fl. = 60.000 fl.
„ „ 4. „ „ „ „ 4 fl. = 60.000 fl.
„ „ 5. „ „ „ „ 5 fl. = 75.000 fl.
Zusammen 285.000 fl.

An Gewinnsten entfallen:

in der 1. Classe 600 Preise im Betrage von 16.450 fl.
„ „ 2. „ 600 „ „ „ „ 18.400 fl.
„ „ 3. „ 600 „ „ „ „ 22.550 fl.
„ „ 4. „ 600 „ „ „ „ 26.600 fl.
„ „ 5. „ 2600 „ „ „ „ 129.750 fl.
Zusammen 5000 „ „ „ „ 213.750 fl.

---

[1]) Cod. Austr. V. S. 1326 ff.

Von dem Kapital der ganzen Einlage fallen der Societät 25 Procent zu, d. i. 71.250 Gulden. Die Ziehungen finden zu Günzburg in Vorderösterreich statt.

Am 30. December 1777 wird dem Andre Baratta und dessen Kompagnie nach Ausgang der alten Pachtung ein neues Privilegium [1]) auf acht Jahre (1. April 1778 bis 31. März 1786) ertheilt gegen die von ihm zu übernehmende Verpflichtung, das Lotto in allen deutschen und ungarischen Erbländern, einschliesslich Tirol und das Temesvarer Banat (nur die Vorlande bleiben ausgenommen), wie auch in Galizien, Lodomerien, Auschwitz und Zator zu errichten. Verboten bleiben alle anderen Lotterien mit Ausnahme der schon im ersten Pachtvertrage ausgenommenen. Dagegen „ist zum besseren Behufe der milden Stiftungen beschlossen worden, dass die künftigen Pächter statt der den Mägdlein, deren Namen den Lottolisten eingeschaltet und herausgezogen worden, abgereichten Aussteuer, ein jährliches, zu milden Stiftungen gewidmetes Pauschquantum zu erlegen und statt der vorherigen Mägdlein Namen, die Nummern mit einer Devise zu bezeichnen hätten; wogegen jene Mägdlein, welche bereits den Lottolisten einverleibet sind, oder bis Ende dieser Pachtung noch einverleibet würden, auf die ihnen im Falle, dass ihre Namen herausgezogen werden, gebührende Aussteuer mit 1. April 1778, als mit Anfange dieser Pachtung, keinen Anspruch mehr zu machen hätten, auch das ihnen ertheilte Versprechen gänzlich aufhören soll."

Von dem allgemeinen Wachsen der Spiellust hatte natürlich auch das Lotto profitirt; die Zahl der Collecteure in den grösseren Orten wuchs stetig, und bald musste auch für Linz ein eigenes Filialcomptoir errichtet werden. Man kann sich ein Bild von der Spiellust machen, die damals in Oesterreich herrschte, wenn man einen Blick in die Literatur jener Zeit wirft. Es berührt fast kein Reisender die österreichischen Erbländer, ohne als Curiosität von der Spielwuth zu berichten, die dort herrsche. Ein Corre-

---

[1]) Allg. Ges.-Sammlung (Kropatschek) 1777—1780. Bd. 8. S. 112 ff.

spondent in Schlözer's Briefwechsel [1]) schreibt im Jahre 1777 aus Wien: „Divertissement und Spiel scheinen hier die vorzüglichsten Einwohner vorzüglich zu beleben." Das Spiellaster beherrschte seit der Einführung des Lottos auch die unteren Schichten; während früher das Hazardspiel gleichsam ein Privileg der Reichen und Vornehmen war, hatten jetzt auch die Armen und Geringen ihr Hazardspiel: das Lotto. Die Spielwuth hatte Oesterreich durchseucht, und fast konnte man nach den Spielen, die bevorzugt wurden, die einzelnen sozialen Klassen unterscheiden. Diese Stufenleiter ging sehr hoch hinauf, bis zum Gemahl Maria Theresia's, den Kaiser Franz sogar, der Pharo und Würfel ebenso hoch als unglücklich spielte [2]). Im Uebrigen ging auch damals die Rede, dass das Lotto eigentlich ein Unternehmen des Kaisers wäre, der auch sonst sehr viele Geldgeschäfte für seine Rechnung machen liesse, und dass die Pächter nur ihre Namen hergäben [3]).

Es gibt aus dieser Zeit eine reiche Menge von Kampfschriften, die das Lotto auf des Heftigste bekämpfen [4]).

---

[1]) XIV. Heft, S. 138.

[2]) Ranke, a. a. O., S. 675.

[3]) Diese Vermuthung kann, dem Stande der Dinge gemäss, nicht unter allen Umständen als eine irrige bezeichnet werden. Scheinverträge mit Lottopächtern sind in der Geschichte des Lottos nichts Unerhörtes. Auch Friedrich der Grosse hatte mit seinen Pächtern Scheinverträge geschlossen, denen zufolge er eine viel geringere Pachtsumme zu erhalten schien, als er thatsächlich, auf grund von Geheimverträgen, bekam. (Vgl. Otto Warschauer: Die Zahlenlotterie in Preussen. Berlin. 1885. S. 39 f.)

[4]) Aus dieser seien u. A. angeführt:
Johann Stefan Pütter's Abhandlung über die Rechtmässigkeit der Lotterien, insonderheit der Zahlenlotterien, im Götting. Magazin der Wissenschaften. 1781.
„Das Lotto di Genova in seiner wahren Gestalt". Philadelphia. 1771.
„Was ist nach den Grundsätzen des Christenthums von Spiel- und Zahlenlotterien zu halten?" Hamburg. 1786.

Wie sehr das Lotto den Geist der Oeffentlichkeit erregte, geht daraus hervor, dass gar bald der Witz und die Satyre sich dieses Gegenstandes bemächtigen. So entsteht in Wien u. A. eine Komödie, welche die durch das Lotto hervorgerufenen Missstände mit vielem Witz und wenig Schonung beleuchtete; dass sie von der Censur verboten wurde, braucht kaum gesagt zu werden. Auch in den Bänkelgesängen wird ihm ein ehrenvoller Platz angewiesen, den es nicht mehr verlieren sollte [1]).

„Ob öffentliche Lotterien des Landes allgemeine Beste befördern?" 1753.

„Präservativ wider die Lotteriesucht, oder richtige Beurtheilung der Lotterien, besonders der Genuesischen Erfindung. Gedruckt im Jahr, da die ganze Welt spielt". 1778.

„Von dem verderblichen Einfluss des Lotteriewesens auf den Staat, in vorzüglicher Hinsicht auf die arbeitende und productive Volksklasse". Von Christian Friedrich Roscher, Leipzig. 1795.

„Ueber das Lotto. Träumereyen eines Wachenden zum Aufwecken der Schlafenden". 1784.

„Beyträge über Kindermord, Lotterieseuche und Prachtaufwand", von J. Caspar Velthusen. Wien. 1785.

Nicht minder gross ist die Zahl der lottofreundlichen Schriften und der Traktätchen und Kalender, die zum Spiel reizen sollten. Ja, eine Wochenschrift: „Lottologie oder kritische Beiträge zur Lotterielehre" (1770 und 1771) hat im ersten Bande sogar zwei Auflagen erlebt!

[1]) Es ist aus der damaligen Zeit ein „Lied der Lottopächter", vertont vom Kapellmeister Neumann, auf uns gekommen, das im „Journal von und für Deutschland" (1786) zu finden und als charakteristischer Ausdruck einer allgemeinen Stimmung wert ist, aus der Vergessenheit gezogen zu werden. Es lautet:

I.

Es lebe hoch der kluge Mann,
Des Lottospiels Erfinder,
Durch das man Männer gängeln kann,
Als wären sie noch Kinder.
Wie kommen sie in's Netz hinein,
Den Staren gleich, geflogen!
Die Welt will ja betrogen seyn,
Drum werde sie betrogen!

Eine nicht minder scharfe Verurtheilung findet das Spiel bei den angesehensten Schriftstellern dieser Zeit. Ein Correspondent im „Journal von und für Deutschland" [1]) characterisirt es als: „..... die Pest, die im Finstern schleicht, die Seuche, die am Mittage verderbt, die Erfindung der Hölle, Menschenfreuden zu untergraben: ich meine das Lotto" und der ernsthafte Pütter [2]) schreibt über dasselbe: „.... wo Zahlenlotterien im Gange sind,

II.
Hoch soll zur schuldigen Danksagung
Das dumme Volk denn leben,
Das Millionen schon genung
So willig hergegeben.
Wie kommen seine Thälerlein
Auf unsern Ruf geflogen!
Die Welt will ja betrogen seyn,
Drum werde sie betrogen.

III.
Das gute Volk! Es darbt und stiehlt
Für seine Lottopächter,
Und seinen Feuereifer kühlt
Nicht Pütter, der Verächter!
Er mag sich immer heiser schreyn,
Es bleibt uns doch gewogen!
Die Welt will ja betrogen seyn,
Drum werde sie betrogen!

IV.
Für uns nahm mancher Gift schon ein,
Liegt mancher noch in Ketten,
Damit wir in Burgunderwein
Gekochte Schinken hätten.
Drum lasst uns dass des Lotto freun,
So oft es wird gezogen!
Die Welt will ja betrogen seyn,
Drum werde sie betrogen!

[1]) IV. Jahrgang, S. 53.
[2]) Ueber die Rechtmässigkeit der Lotterien, insonderheit der Zahlenlotterien, eine rechtliche Erörterung vom Geheimen Justizrath Pütter. Im „Göttingischen Magazin". 1780. S. 362 ff.

da haben schon ganze Städte und ganze Länder die traurige Erfahrung gemacht, dass Dienstboten ihre Herrschaften zu veruntreuen, Vormünder ihrer Pupillen Gelder anzugreifen, berechnete Bedienten Gelder aus den ihnen anvertrauten Kassen zu nehmen, Kinder ihren Eltern Geld zu entwenden sich verleiten lassen, um nur Lose im Lotto nehmen zu können. Wieviele Familien schon darüber unglücklich geworden, was es darüber schon für schaudernde Auftritte gegeben, wie fast eine allgemeine Vergiftung der Sitten und Gesinnung unter Grossen und Niedrigen, Armen und Reichen, Alten und Jungen, daraus entstanden; das sind Thatsachen, wovon in Städten und Ländern, wo das Lotto bisher Eingang gefunden hat, Beyspiele nichts weniger als selten sind".

Schlözer, der sich wiederholt und mit Nachdruck gegen das Lotto wendet, meint einmal [1]) mit bitterem Humor: „Für den Staat mag im Grunde doch wenig Profit herauskommen: denn hat er hübsche Einnahmen vom Lotto, so vermehren sich auch seine Ausgaben, er muss mehr Galgen bauen, die Zuchthäuser erweitern u. s. w." Auch Johann Georg Büsch schildert den Unsegen des Lottos in beredten Worten [2]). Während vor Einführung dieses Glückspieles die Armen wegen der hohen Preise der Lose keine Gelegenheit gehabt hätten zu spielen, schicke man jetzt in ihre Hütten Menschen, die ihnen die Möglichkeit zeigen, mit Einsatz eines Groschens ein ganzes Vermögen zu gewinnen; das müsse dem Volke den Hang zur Sparsamkeit und Arbeitsamkeit nehmen. „Sein kleines Amt, seine kleine Krämerey, in welcher er Summen anlegen und bey einzelnen Groschen wiedersammeln muss, sein abgemessener Verdienst, in des reichen Kaufmanns Solde, dem er mit der Feder dient, ekelt ihn, seitdem ihm die Aussicht plötzlich zu erwerbender Summen, und die Gelegenheit im Jahre achtzehnmal den Versuch darauf zu thun, angeboten ist. Ihm schwindelt des Tages der Kopf, ihm träumt davon des Nachts. Seine Geschäfte liegen, sein Gewerbe verfällt".

---

[1]) Schlözer's Briefwechsel. Heft XXXV. S. 318.
[2]) Vermischte Abhandlungen. 1770. II. Theil. S. 504 ff.

So gross die vorhandene Spiellust auch war, so suchten sie die Pächter doch noch auf jede mögliche Weise zu steigern. Sie sorgten dafür, dass, so oft ein namhafter Gewinn im Lotto gemacht worden war, die Zeitungen des langen und breiten darüber berichteten [1]). Um dem Institut das nöthige Vertrauen im Publicum zu sichern, wurde die Caution, die von dem Pächter an das Wiener Stadtbanco abzuführen war, feierlich und nicht ohne Gepränge hinterlegt, was, besonders für die Wiener, nicht ohne tiefere Wirkung war. Wo das alles nichts half, sprach der Aberglaube das entscheidende Wort. Oft streute man Nummern auf den Bänken der Kirchen aus oder heftete sie an die Thore der Klöster; wenn diese Nummern dann nicht gewannen, war man fromm genug, dies den eigenen Sünden zuzuschieben. Die Art von Traumbüchern, welche nicht blos die Träume auslegen, sondern auch in spielbare Lottonummern umsetzen, ist damals aufgekommen [2]). Von der Verbreitung dieser Art von Aberglauben kann man sich eine Vorstellung machen, wenn von einem glaubwürdigen Zeugen [3]) berichtet wird, dass auf die Zahl, die ein Delinquent in der Nacht vor seiner Hinrichtung träumte, ganz Wien setzte und — verlor! Wo das baare Geld nicht reichte, nahm man, wofern nicht veruntreut oder gestohlen wurde, das Leihamt in Anspruch, das characteristischer Weise bald nach Einführung des Lottos durch Patent vom 13. October 1755 als „Versatz- und Frag-Amt" reorganisirt wurde. Darum konnte Nicolai [4]) damals den Vorschlag machen, das Verhältnis zwischen dem Lotto und dem k. k. Versatzamte ausfindig zu machen, und

[1]) Regelmässig seit der Einführung des Lottos geschah dies z. B. im Wiener Diarium, später in der Wiener Zeitung.
[2]) Trotzdem mit Circ.-Verordnung vom 15. März 1755 dieser Art von Literatur die gänzliche Vertilgung angedroht worden war, sind die Traumbücher bis zum heutigen Tage in Oesterreich ebenso beliebt als verbreitet.
[3]) Ranke, a. a. O., S. 706.
[4]) Friedrich Nicolai: „Beschreibung einer Reise durch Deutschland und die Schweiz im Jahre 1781". 1784, Bd. III. S. 272 ff.

die folgende, für die Kenntnis der Cultur- und Sittengeschichte des damaligen Wien überaus wertvolle und characteristische „Tabelle von zu verkaufenden uneingelösten Pfändern" zusammenzustellen:

	1. An Pretiosen.	Wert. fl. kr.	Ursache des Versetzens.
Nr. 3697.	Eine goldene Uhr	38:54	Um Maskenkleider und Lohnkutscher zur nächsten Redute zu bezahlen.
Nr. 4050.	Zwei Rautenohrringl	22:50	Zur Zahlenlotterie.
Nr. 4288.	Eine goldene Dose	182:40	Um den Schneider, der weiter nicht warten will, zu bezahlen.
	2. An Mobilien.		
Nr. 6412.	Ein Mörsel u. Stössel	4:35	Zur Zahlenlotterie.
Nr. 6456.	2 Hemden	2:18	Zur Zahlenlotterie.
Nr. 6499.	Ein gros Detour Frauenrock	3:26	Zur Zahlenlotterie.
Nr. 6833.	Ein atlassner Frauenrock	6:51	Um das Feuerwerk im Prater zu sehen.
Nr. 6916.	29 Ellen Taffet	22:50	Um dem Muttergottesbilde zu Stephan ein Opfer machen zu lassen.
Nr. 7770.	Ein bordiertes Mannskleid	20:29	Für Nannerl.
Nr. 8271.	25 Pfund zinnerne Teller	9: 6	Um meine kranke Frau und 4 Kinder zu erquicken.
Nr. 8272.	Ein Stock mit Knopf	8: 7	Um die Miete zu bezahlen, weil uns der Hausherr sonst auswerfen will.

Die Bewegung gegen das Lotto ging um diese Zeit, „da alle Welt spielt", wie es auf dem Titelblatt einer damaligen Kampfschrift heisst, ins Grosse und war auch in vielen Fällen von Erfolgen begleitet. Während der letzten drei Jahrzehnte des vorigen Jahrhunderts ist eine Anzahl von Zahlenlotterien, hauptsächlich deutschen, aufgehoben worden, so 1770 in Sachsen, 1779 in Württemberg, 1780 in Fulda und Frankfurt a. M., 1781 in den Löwenstein-Wertheim'schen Landen, 1783 in Trier, 1784 in Lüttich, Windsheim und Cöln, 1785 in Gera, Hamburg und Hessen-Cassel, 1786 in Bamberg, Würzburg, Hildesheim und Nordhausen, und zu Beginn des Jahres 1787 im Gfl. Schwarzenbergischen, im Bisthum Salzburg und in Brandenburg-Ansbach [1]). In den meisten Fällen wurden, um den Verordnungen auch Geltung zu verschaffen, auf Contravention des Spielverbotes die empfindlichsten Strafen gesetzt, so in Hildesheim, wo sie mit Geld- und Leibes-, ja Todesstrafe belegt wird [2]).

Man glaubte damals sicher, dass Kaiser Joseph II., der 1781 schon die Erbunterthänigkeit in Oesterreich aufgehoben und erst vor kurzem (Januar 1787) die ebenfalls schwer drückenden Wuchergesetze beseitigt hatte und überhaupt mit den überkommenen Uebeln

---

[1]) Vgl. Krünitz, Oekonomische Encyclopädie. 1801. Bd. 81. Art. „Lotterie".

[2]) Journal v. u. f. Deutschland, 1786, S. 190. — Die Aufhebung des Lottos wurde überall mit Freuden begrüsst, nicht selten auch dem Landesfürsten durch ein Geschenk oder durch feierlichen Umzug der Dank für die menschenfreundliche Handlung ausgedrückt. Wie das Lotto gewüthet hat und wie seine Aufhebung oft als eine Erlösung empfunden wurde, ist in folgender zu Bamberg erschienener Todesanzeige zu lesen:

„Im Jahre 1786, den 27. December, verschied dahier Madame Lotto im 20. Jahre ihres Alters. Sie gebar 340-mal und jedesmal 90 Kinder, wovon die ersten fünf glücklich, die übrigen aber unglücklich zur Welt kamen. Der Zustand dieser Krankheit bestand in einem hitzigen Magen, der Alles: Äcker, Wiesen, Häuser, Uhren, Betten und alle möglichen Kleidungsstücke verzehrte; daher kam es, dass sie in ihrem letzten Kindsbette erstickte".

so rücksichtslos aufräumte, den letzten, mit dem Jahre 1787 ablaufenden Vertrag mit den Lottopächtern nicht erneuern und das Lotto aufheben würde. Statt dessen erfloss zu Aller Ueberraschung mit dem 21. October desselben Jahres ein Patent, durch welches das Lotto beibehalten wurde und nur insofern eine Aenderung eintrat, als es von da an in die kaiserliche Regie überging.

Die kaiserliche Entschliessung auf einen Vortrag vom 1. März 1787 lautete wenig tröstlich: „Da ich mir offene Hände in Ansehung des Lotto behalten will, um diesfalls seiner Zeit frei vorgehen zu können, so wird hierüber eine eigene Regie zu bestellen sein" [1]). Das diesbezügliche Edikt [2]) verfügte die Uebernahme des Lottos in die Cameralregie, ohne irgend welche eingreifende Aenderungen in der bisherigen Lottoverfassung auszusprechen. Auch das Pauschquantum von 12.000 Gulden, das die Pächter seit 1777 für wohlthätige Zwecke abzuliefern hatten, wurde beibehalten und mit Verordnung vom 7. Februar 1788 vom Lottogefälle an das Universal-Cameral-Zahlamt abgeführt, welches das Geld an gewisse milde Stiftungen vertheilte [3]). Dies that man, weil man von der Ansicht ausging, dass das Aerar von der Aufhebung der Lottopachtung erheblichen Vorteil ziehe, und die Uebernahme in die eigene Regie den Armenanstalten doch nicht nachtheilig sein dürfe.

Der folgenschwere Entschluss Kaiser Joseph II. erklärt sich unschwer. Der Kaiser mag wohl lange gezögert haben, ehe er sich zur Beibehaltung des Lottos, dessen Aufhebung man so zuversichtlich von ihm erwartete, entschloss; aber die Unmöglichkeit, in einer kritischen Zeit auf eine so bedeutende Einnahme, wie sie aus diesem Spiele floss, zu verzichten, mag ihm die Kraft zu diesem Entschluss gegeben haben. Der Ertrag aus dem Lotto, der in den letzten Regierungsjahren Maria Theresia's auf 800.000

---

[1]) Vergl. Beer, a. a. O.
[2]) Vergl. Anhang, S. 81.
[3]) Vergl. Oesterr. National-Encyclopädie, Wien, 1838. Bd. J—M, Artikel „Lottowesen".

Gulden gestiegen war, hatte nun die Summe von einer Million Gulden überschritten. Diese Einnahme musste umsomehr ins Gewicht fallen, als sich Oesterreich damals in einer Zeit schwerer finanzieller Krisen befand. Unter Joseph II. war in Oesterreich eine Aera des chronischen Deficits angebrochen. Das Deficit, das im Durchschnitt der ersten drei Jahre seiner Regierung kaum eine Million Gulden betragen hatte, war von Jahr zu Jahr gestiegen, und die Staatsschulden hatten eine für die damalige Zeit beklemmende Höhe erreicht. Unter diesen Umständen glaubte der Kaiser auf eine verhältnismässig so bedeutende und bequeme Einnahme, wie sie aus dem Lotto floss — mehr als 20 Procent aller Regaleinkünfte! — nicht verzichten zu können.

Im übrigen mag aber auch das Beispiel Friedrich des Grossen auf seinen Entschluss fördernd eingewirkt haben, der um diese Zeit aus der preussischen Zahlenlotterie ähnlich hohe Erträge zog und dem Andrange der Gegner auf Aufhebung des Lottos nicht nachgab, obwohl die Agitation gegen dieses Spiel in Preussen eine weit heftigere war als jemals in Oesterreich.

Seine Pläne, bezüglich des Lottos späterhin frei vorzugehen, vermochte Joseph II. nicht zu verwirklichen, ebenso wenig wie sein Nachfolger Leopold II., der sich in seiner Lottogesetzgebung während seiner kurzen Regierungszeit auf die wiederholte Erneuerung der bisher ergangenen zahlreichen Spielverbote bezüglich der ausländischen Lotterien beschränkte.

Mit Franz I. hebt eine Periode der Unsummen verschlingenden Kriege an; die vierundzwanzig Jahre von 1792 bis 1815 enthalten nicht weniger als vierzehn Kriegsjahre. Die erforderlichen Riesensummen schienen auch mit den grössten Anstrengungen und unter Zuhilfenahme der gewagtesten Mittel kaum noch auftreibbar zu sein. Die Abgaben wurden erhöht, eine Unmenge von Kriegs- und Zwangs-, wiederholt auch von Lotterieanleihen aufgenommen; gelegentlich (1809) wurde sogar, um die französische Kriegscontribution zu bezahlen, das Stammvermögen der Unterthanen in Angriff genommen, die ihre Gold- und Silbergeräthschaften zur

Einlösung in die Münze tragen mussten. Hand in Hand mit diesen Massregeln ging eine systematische Münzverschlechterung — im Jahre 1800 cursirte nicht ein nach dem Conventionsfusse ausgeprägtes Münzstück — und eine ins Masslose und Unbesonnene gehende Zettelwirtschaft. Mit Riesenschritten steuerte Oesterreich auf den Staatsbankrott zu, der denn auch im Jahre 1811 eingetreten ist.

Unter diesen Verhältnissen war an eine Finanzreform wie die Aufhebung des Lottos, die im Gegensatz zu allen anderen finanziellen Verlegenheits- und Zwangsreformen dieser Zeit nicht allein keine augenblicklichen Vortheile brachte, sondern sogar eine regelmässige und nicht unbedeutende Staatseinnahme geradezu aus der Welt schaffen musste, nicht zu denken. Und so blieb das Lotto bestehen, unbeeinflusst von den grossen Umwälzungen der napoleonischen Zeit, denen die innere Verwaltung Preussens ihre Neuordnung verdankt, und die, wenn auch indirect, die Aufhebung des preussischen Lottos im Jahre 1810 mit verursacht haben.

Anlässlich der grossen Finanzreformen, die im Jahre 1811 in Angriff genommen wurden, glaubte man wieder einmal, dass mit dem grossen Reinemachen auch für das Lotto das letzte Stündlein schlagen müsste. Doch ganz so wie im Jahre 1787, wo aus ähnlichen Gründen die Lottogegner neue Hoffnung gefasst hatten, trat auch diesmal die grosse Enttäuschung ein: das Lotto wurde nicht nur beibehalten, sondern durch eine Verordnung sogar aufs neue geregelt und damit die Aussicht auf seine endliche Aufhebung in weite Ferne gerückt. Am 13. März 1813 erfolgte die Emanation eines Lottopatents [1]), das mit dem 1. August desselben Jahres in Wirksamkeit trat [2]) und alle früheren Lottoverordnungen für aufgehoben erklärte. Im übrigen unterscheidet sich auch der neue Spielplan nur wenig von dem alten. Die Gewinnchancen bleiben, auch was die Höhe der Gewinnste anlangt, die gleichen; dagegen wird der Betrag von drei Kreuzern als geringster Ein-

---

[1]) Vgl. Anhang S. 83.
[2]) Hofkanzleidecret vom 13. März 1813 an sämmtliche Länderstellen.

satz normirt und unbehobene Gewinnste nach drei Monaten für verfallen erklärt. Die Strafe auf Uebertretung der Spielverbote bezüglich ausländischer Lotterien wird verschärft, und die Veranstaltung von Warenlotterien, Glückshäfen und anderen dem Lotto verwandten Spielen, bleibt weiter verboten. Die übrigen Aenderungen, welche dieses Patent vorsieht, sind meist untergeordneter technischer Natur. Das Patent vom 13. März 1813 ist das letzte grosse Lottogesetz Oesterreichs und hat, von einigen geringfügigen Abänderungen, von denen in anderem Zusammenhange noch die Rede sein wird, in seinem ganzen Umfange noch bis heute Giltigkeit.

Wie dann mit den besten Vorsätzen die Aufhebung des Lottos in Oesterreich wiederholt in sichere Aussicht genommen wurde, und wie man hiebei immer auf unüberwindliche Hindernisse zu stossen glaubte, so dass doch alles wieder beim alten geblieben ist, das ist ein lehrreiches und trauriges Kapitel österreichischer Finanzgeschichte, das in einem folgenden Abschnitte erzählt werden soll.

II.

Das Lotto in statistischer Beleuchtung.

Angesichts der Thatsache, dass das Lotto aus schwerwiegenden finanzpolitischen Bedenken in Oesterreich bisher nicht aufgehoben worden ist und als eine „historische Nothwendigkeit", wie es von einem Finanzminister einmal characterisirt wurde, bis zum heutigen Tage fortbesteht, dürfte es wohl den Versuch lohnen, an der Hand des vorliegenden statistischen Materials die Rolle zu verfolgen, welche das Lotto durch die lange Reihe der Jahre seines Bestandes im österreichischen Staatshaushalt zu spielen berufen ist.

Um die Ergebnisse des Lottogefälles zu beurtheilen, ist es vor allem nothwendig, hiebei zwei Gesichtspunkte vollständig auseinander zu halten: den volkswirtschaftlichen und den staatswirtschaftlichen. Der besseren Uebersichtlichkeit halber sind im folgenden den Ergebnissen aus dem Lottogefälle der einzelnen Jahre für das Aerar immer gegenübergestellt die Spieleinsätze, d. i. das Kapital, mit dem sich das spielende Publicum am Lotto betheiligt, also der rein fiscalischen die volkswirthschaftliche Seite des Gegenstandes.

Dass sich die Lust an öffentlichen Glücksspielen, einmal entfacht, nicht blind und ins Endlose verbreitet, sondern dass die öffentliche Theilnahme von einer Reihe von Factoren abhängig ist, die ausserhalb des Spieles liegen, lässt sich am österreichischen Lotto besonders gut beobachten. Es zeigt sich, wie die Erträge aus dem Lotto — von den kleinen Unregelmässigkeiten abgesehen, die durch das auf Zufälligkeiten begründete Spiel bedingt sind — doch im grossen und ganzen von dem wirtschaftlichen und politischen Inhalte der Zeit abhängig sind. Sie sind ein getreues Spiegelbild der jeweiligen ökonomischen und politischen Conjunctur. In ernsten, politisch bewegten Zeiten, in Kriegs- und Revolutionsjahren ebenso wie in Zeiten wirtschaftlichen Aufschwungs wird das Interesse des Publicums an diesem Spiel ein geringeres; die gesunde wirtschaftliche Bewegung reisst Alle, auch die Spieler mit, die für ihre aleatorischen Instincte nun ein besseres Feld der Bethätigung zu finden hoffen; in Zeiten der Krisen und des wirtschaftlichen Niedergangs dagegen wird wieder zu dem Spiel gegriffen, und alsbald finden sich die Enttäuschten und die wirtschaftlich Entgleisten beim Lotto wieder.

Für die Zeit des Pachtverhältnisses und die ersten sechs Jahre der staatlichen Regie sind bereits oben die entsprechenden Zahlen gegeben worden. Die nächsten Jahre zeigen ein langsames, aber ziemlich regelmässiges Steigen der Spieleinlagen und damit auch der Reinerträge. Während in den letzten Jahren des vorigen Jahrhunderts die letzteren bei Spieleinlagen von 3 bis 5 Millionen nur um weniges die Höhe von einer Million Gulden im Jahresdurchschnitt übersteigen, aber auch nie unter diesen Betrag heruntergehen, betragen in den ersten fünf Jahren dieses Jahrhunderts die Spieleinlagen zwischen 4,4 und 6,1 Millionen Gulden bei Reinerträgen von 1,3 bis 2,1 Millionen Gulden. Jedenfalls unter dem Einflusse der neapoleonischen Kriegswirren sinken in den Jahren 1806—1812 Einlagen und Reinerträge in gleicher Weise (im Jahre 1811 betrugen die Einlagen 1,1 und der Reinertrag 0,3 Millionen Gulden!), um von 1813 an zunächst wieder auf den Stand der letzten Jahre des vorigen Jahrhunderts zu gelangen und im Jahre 1825 in fast steter Entwicklung von 5,1 Millionen Gulden an Einlagen in diesem Jahre auf 10,5 Millionen Gulden im Jahre 1843 zu steigen. Die folgenden Jahre zeigen ein Schwanken dieser Ziffern zwischen 10,3 im Jahre 1846 als höchster und 9,4 im Jahre 1847 als niedrigster [1]). Die Revolution und Krisenstimmung des folgenden Jahres (1848) findet auch im Lotto ihren Ausdruck: die politisch erregte Zeit, in der Grösseres auf dem Spiele zu stehen scheint, hat nur wenig Interesse an den verhältnismässig kleinen Aufregungen des Lottos. Wir sehen die Einlagen in diesem Jahre von 9,4 des Vorjahres auf 7,2, und im nächsten Jahre sogar auf 5,1 Millionen Gulden zurückgehen. Aber schon 1850 bei der Wiederkehr ruhigerer Zeiten erholt sich das Lotto, und es erhebt sich der Betrag der Einlagen auf 6,7 Millionen Gulden, um in ähnlich steigender Tendenz bald die alte Höhe zu erreichen, im Jahre 1852 sogar mit 11,0 Millionen Gulden zu überschreiten. Diese Bewegung machen im allgemeinen auch die Erträge für den Fiscus mit. Sie resultiren aus dem Umstande, dass der Staat nicht den nach den Regeln der Wahrscheinlichkeitslehre bestimmten mathematischen Hoffnungswert ausbezahlt, sondern bei den verschiedenen Spielarten entsprechende Abzüge macht; so zahlt er bei

d. unbest. Ausz. statt d.		18fachen das		14fache,	behält also	22 %
d. best. Ausz.	„ „	90 „		„ 67 „	„	„ 26 %
d. Ambe	„ „	400,5 „		„ 240 „	„	„ 40 %
d. Terne	„ „	11 748 „		„ 4800 „	„	„ 59 %

Die Erträge nähern sich der unteren oder der oberen dadurch bestimmten Grenze, je nachdem die mit ärarischen Abzügen mehr oder minder belegten Spielarten überwiegen; sie können demnach, von dem bei den grossen Massen von Spielen nicht übermässig ins Gewicht fallenden Zufall abgesehen, nach Massgabe der angewandten Spielarten schwanken zwischen 22 und 59 Procent der Einlagen. Daraus erklärt es sich, dass die Erträge eines

[1]) Mittheilungen des k. k. Finanz-Ministeriums. Märzheft 1898, S. 18 f.

Gefällsjahres nicht immer Schritt halten mit den Einlagen; so kommt es nicht selten vor, dass bei steigenden Einlagen die Erträge fallen und umgekehrt. Das Jahr 1857, ein Kriegsjahr, lässt wieder ein auffallendes Wachsen der Spiellust erkennen: die Einlagen betragen für dieses Jahr schon 16,6 gegen 13,7 Millionen Gulden des vorhergehenden Jahres. Das nächste Jahr lässt keine bedeutende Veränderung merken; dagegen zeigt schon das Jahr 1859, welches einen Krieg und den Verlust der spielkräftigen Lombardei bringt, einen starken Rückschlag: es sinken die Einlagen in diesem Jahre von 16,1 des Vorjahres auf 14,8 Millionen Gulden. Aber nur zu bald hat das Lotto auch diesen Schlag verwunden. Vom Jahre 1866 abgesehen, in welchem der Krieg und die Abtretung Venetiens ihre Wirkung auf das Spiel zeigen (Fallen der Einlagen von 19,1 auf 15,3 Millionen Gulden), bringen die Jahre von 1860 an ohne verdächtige Sprünge stetig wachsende Einlagen. Die Aufhebung des Lottos in Bayern (1861) ist hier als ein auch für Oesterreich wichtiges Lottoereignis zu registriren, weil die nun über die Grenze nach Oesterreich spielenden Bayern mit zu dem Anwachsen der Einlagen und damit auch der Reinerträge beigetragen haben. Gleichzeitig mit den Bayern wandten sich aus demselben Anlasse Schweizer Spieler, die, weil es in der Schweiz schon seit langem kein Lotto mehr gab, bisher nach Bayern hinüber gespielt hatten, nunmehr auch nach Oesterreich.

Abermals ist es ein Krisenjahr, das Jahr 1873, welches die normale Entwicklung des Spieles unterbricht und die Einlagen von 16,0 des Vorjahres auf 19,3 Millionen Gulden emporschnellen lässt, während wegen der bedeutenden Gewinnste, die zur Auszahlung gelangen (60 % der Einlagen gegen 56,3 % des vorhergehenden Jahres) die Reinerträge in diesem guten Lottojahre von 6,1 des Jahres 1872 blos auf 6,7 Millionen Gulden steigen. Das weitere Anhalten der Krise zeigt beim Lotto als Reflexwirkung ein stetiges Wachsen der Spiellust; es betragen:

Im Jahre	Einlagen	Reinertrag	Einlagen pro Kopf
	(in Mill. Gulden.)		und in Gulden.
1874	20,2	6,8	0,96
1875	20,8	7,8	0,98
1876	22,7	8,3	1,06

Im Jahre 1877 findet ein bedeutendes Zurückgehen der Einlagen statt, das mit dem Gange der wirtschaftlichen Entwicklung kaum in Einklang zu bringen ist. Es findet vielmehr seinen Grund in dem Umstande, dass die Regierung den im Vorjahre im Parlament wiederholt von Seiten der Volksvertretung mit Nachdruck geltend gemachten Wünschen entspricht, indem sie vom Jahr 1877 an bei Abschluss neuer Verträge mit den Collectanten die Cumulirung von mehr als zwei Spielsammlungen in einer Collectur nicht mehr gestattete und auch die Zahl der Collecturen selbst verminderte. Das war ein starker Eingriff in die Organisation des Spieles, der auch auf seine Wirkung nicht lange warten liess; so waren schon:

Im Jahre	Einlagen	Reinertrag	Einlagen pro Kopf
	(in Mill. Gulden.)		und in Gulden.
1877	21,7	9,0	1,00
1878	19,9	8,2	0,92

Die Regierungsmassnahmen bewirkten somit ein Heruntergehen der Einlagen um 1,8 und des Reinertrags um 0,8 Millionen Gulden.

Eine unerwartete Wendung brachten die nächsten Jahre. Es war abermals ein neuer Factor, der die nun rückläufig gewordene Entwicklung des Lottos aufhielt und die Regierungsmassnahmen, soweit sie auf Verminderung der Spiellust abzielten, zum grossen Teil illusorisch machte.

Im Jahre 1778 nämlich wurde von einem unternehmenden Kopfe ein eigenes „Organ für das Lottospiel" gegründet, das eine alte, hundert Jahre eingeschlafen gewesene Tradition wieder aufnahm und in 50.000 Exemplaren verbreitet wurde. Es lebte auch das alte Gewerbe der Lottomathematiker und Lottopropheten wieder auf, die, durch die Erfolge der Lottozeitung ermuthigt, nun wie die Pilze aus der Erde schossen, um im Vereine mit der Lottozeitung die Spieler zu bearbeiten und durch Praktiken aller Art die immer latente Spielleidenschaft auf eine bis dahin nicht dagewesene Höhe zu bringen. Deren gewissenloses Treiben und die kaum zu begreifende Langmuth der Regierung diesem Treiben gegenüber wird in einem späteren Kapitel die entsprechende Würdigung finden.

Damit hebt, vom fiscalischen Standpunkte aus, eine Art von Renaissance für das Lotto an. Die folgende Zusammenstellung macht dies ersichtlich. Es betrugen:

Im Jahre	Einlagen	Reinertrag	Einlagen pro Kopf
	(in Mill. Gulden)		und in Gulden
1879	20,9	7,7	0,99
1880	20,2	8,1	0,92
1881	21,9	8,6	0,99
1882	20,1	8,3	0,90
1883	21,7	7,4	0,96
1884	22,2	9,3	0,97
1885	22,0	8,1	0,96
1886	22,2	8,5	0,96

Es zeigt sich demnach, hervorgerufen durch die neugenährte Spielleidenschaft, ein fast regelmässiges Steigen der Einlagen, verbunden mit einem durch die Schwankungen der Gewinnstquoten in seiner Regelmässigkeit immerhin beeinträchtigten Anwachsen der ärarischen Reinerträge.

Die Entwicklung des Lottos während der letzten zehn Jahre, für die noch die Geldgebahrung des Lottogefälles bekannt geworden ist, veranschaulicht die nachstehende Tabelle:

1	2 [1])	3 [2])	4	5	6 [3])	7	8
Jahr	Gesammt-Einnahmen	Lotto Gefälle		Netto-Ertrag	Einnahmen aus 15 %igen Gebühren von Gewinnsten über 2 Gulden	Summe aus Colonne 5 u. 6	Gesammt-Einnahmen pro Kopf u. in Gulden
		Gesammt-Ausgaben	Gewinnste in % der Einlagen				
		Millionen Gulden					
1887	22,1	13,6	57	8,5	—	8,5	0,95
1888	22,9	14,3	58	8,6	—	8,6	0,98
1889	21,2	12,7	54	8,5	—	8,5	0,90
1890	21,5	13,4	58	8,1	0,7	8,8	0,90
1891	17,6	10,4	60	7,2	1,2	8,4	0,73
1892	17,7	12,2	65	5,5	1,3	6,8	0,73
1893	16,8	10,2	56	6,5	1,3 [4])	7,8	0,69
1894	16,6	11,2	63	5,3	1,6	6,9	0,67
1895	17,2	11,4	61	5,8	1,6	7,4	0,69
1896	16,7	9,5	52	7,2	1,3	8,5	0,66

Aus obiger Tabelle ist zu ersehen, dass die seit dem Krisenjahre 1873 zu datirende Tendenz zum Steigen der Einlagen bis zum Jahre 1890 angehalten hat. Während dieser achtzehn Jahre

[1]) Die Gesammt-Einnahmen des Lottogefälles bestehen zu 99,9 % aus Spieleinlagen, der Rest sind: Effecten-Ausspieltaxen, Strafgelder, Ersätze aller Art, Erlös für Skartpapier und andere kleine Einnahmen.
[2]) Zu ungefähr 92 % aus Lottogewinnsten bestehend; im übrigen Gehälter der Beamten und Diener, Adjuten, Diurnen, Einhebungsprocente der Collectanten, Kanzlei- und Manipulationserfordernisse und eine Reihe anderer kleiner Posten.
[3]) Vom 1. Juli 1890 angefangen, nach dem Gesetz vom 31. März 1890.
[4]) Vom 1. April 1893 angefangen werden auch Gewinnste unter zwei Gulden mit der 15 %igen Gebühr belegt.

sind die Einlagen nie unter den Betrag von 19 Millionen Gulden gesunken, haben diesen im Gegentheil meist überschritten und betragen im Jahresdurchschnitt für diesen Zeitraum sogar 21,3 Mill. Gulden bei gleichzeitig durchschnittlichen Reinerträgen von 8,2 Mill. Gulden. Mit dem Jahre 1888 haben die Einlagen die überhaupt grösste Höhe erreicht: 22,9 Mill. Gulden, von denen 0,98 Gulden auf den Kopf entfallen. Auch die beiden nächsten Jahre lassen nur einen unbedeutenden Rückgang merken: es betragen die entsprechenden Kopfziffern je 0,90 Gulden. Eine entscheidende Wendung tritt erst ein mit dem Inkrafttreten des Gesetzes vom 31. März 1890, welches die den Betrag von zwei Gulden übersteigenden Gewinnste mit einer 15 %igen Gebühr belegt, einer Gebühr, die später (1893) auch auf Gewinnste unter zwei Gulden ausgedehnt wurde.

Das Jahr 1891 lässt bereits die tiefe Wirkung des neuen Gebührengesetzes erkennen; in diesem Jahre gehen die Gesammt-Einnahmen von 21,5 auf 17,6, das ist um 18,1 % zurück, während die bezüglichen Kopfziffern von 0,90 auf 0,73, also auf den Tiefstand des Jahres 1872 zurücksinken. Die ärarischen Reinerträge haben diesen Sturz nicht mitgemacht, weil zum Ertrage des Gefälles die seit 1. Juli 1890 erhobenen 15 %igen Gebühren hinzugeschlagen erscheinen.

Seither ist ein beharrliches Zurückgehen der Gesammteinnahmen und auch der Reinerträge zu constatieren. Trotz der 15 %igen Zuschläge aus den Lottogewinnsten ist der Betrag der Netto-Einhebung doch im ganzen im Sinken begriffen, wohl auch infolge der seit 1891 ungewöhnlich hoch entfallenden Gewinnstquote. Während diese in den Jahren 1876—1890 durchschnittlich 56,5 % der Spieleinlagen ausmachte, hielt sie sich in den Jahren 1891—96 im Durchschnitt auf der Höhe von 61,0 %, ein Misserfolg für das Aerar, der sich, weil so beharrlich, nicht durch die Zufälle dieses Hazardspieles erklären lässt. Der Grund ist vielmehr der, dass infolge des neuen Gebührengesetzes die Gewinnstchancen sich etwas verändert haben. Das Aerar zahlt:

	vor 1890	nach 1890	
für den unbest. Auszug	78 %	66 %	⎫
„ „ best. Auszug	74 %	63 %	⎬ des mathemat.
„ die Ambe	60 %	51 %	⎬ Hoffnungswerts
„ „ Terne	41 %	35 %	⎭

Es ist klar, dass bei Bevorzugung der minder gewagten Spiele die Chancen für das Aerar als Gegenspieler sich weit ungünstiger stellen. Das ist als Antwort auf das Gebührengesetz vom 1. März 1890 von seiten des Publikums auch geschehen; für dieses gab es zwei Mittel, um der lästigen Gebühr zu entgehen: einmal kleine Einsätze zu machen, um steuerfreie Gewinnste — weil unter zwei Gulden — zu erzielen, dann aber auch mindergewagte Spiele — den unbestimmten und bestimmten Auszug — zu wählen, weil bei diesen das als Gewinnst ausbezahlte Vielfache des Einsatzes nicht leicht den Betrag von 2 Gulden übersteigt. Beides wurde gethan.

Auch für das Jahr 1897, für das die Rechnungsabschlüsse noch nicht vorliegen, und für das laufende Jahr dürfte der Rückgang weiter anhalten; es erscheinen in den betreffenden Staatsvoranschlägen für diese beiden Jahre die Gesammteinnahmen aus dem Lotto mit 16,4 bezw. 16,1, und die Reinerträge mit 6,3 bezw. 6,1 Mill. Gulden präliminirt, was ein weiteres Sinken der Kopfziffer auf 0,65, bezw. 0,63 bedeuten würde.

III.

Lotto und Volkswirtschaft.

Das Lotto ist in der Zeit seines mehr als hundertjährigen Bestandes im Wirthschafts- und Culturleben Oesterreichs ein Factor geworden, dessen Bedeutung heute wohl kaum mehr ernstlich in Frage gezogen werden kann. In diesem langen Zeitraum ist manches für und unendlich viel gegen dieses Spiel angeführt worden. Es hat sich zu einem Erbübel ausgewachsen, das kaum mehr ausrottbar erscheint; man verdammt es, aber — man duldet es weiter.

Im Nachfolgenden wollen wir die Rolle bestimmen, die es im österreichischen Volksleben spielt, und seine unheilvollen Wirkungen aufzeigen, soweit diese offensichtlich zu Tage treten.

In Oesterreich ist das Lotto auf einen überaus günstigen Boden gefallen wegen des unbestreitbaren und in starkem Maasse dort vorhandenen Hanges zu Spiel und Vergnügen, in gewissem Grade sogar zu Leichtsinn. Während andere Länder wie Deutschland, England, Frankreich, die Schweiz u. s. w., wenn sie auch die Invasion des Lottos nicht verhindern konnten, doch nach einer verhältnismässig kurzen Zeit sich seiner zu entledigen vermochten, ist Oesterreich neben Italien, in welchem dieselben Vorbedingungen für einen dem Spiel günstigen Boden vorhanden sind, das einzige Land, in dem dieser Anachronismus bis in die heutige Zeit hineinragt. Das ist eine Thatsache, die nicht durch die allerdings unbeugsame Weigerung der Regierung, das Spiel aufzuheben, sondern auch durch den Volkscharacter selbst tief begründet ist. Es sind slavische und romanische Elemente, die sich in Oesterreich vermischen: die den Slaven charakterisirende leichte, spielerische Auffassung des Lebens, mit einem Zug ins Leichtsinnige, und der bewegliche, unternehmende, zu Abenteuern und Wagnissen neigende Geist der romanischen Rasse. Nur auf dieser Grundlage konnte das Spiel so grosse Dimensionen annehmen, und nur dadurch ist es möglich geworden, dass das Lotto im Volksleben eine solche Rolle auf die Dauer zugewiesen erhalten hat, dass es unmöglich ist, das österreichische Volksleben in einem treuen und umfassenden Bilde zu schildern, ohne der tiefgehenden Leidenschaft für das Lotto zu gedenken. In Zahlen, die beinahe selbst für sich sprechen, ist dies im vorigen Kapitel bereits geschehen; eine Schilderung der Voraussetzungen und Wirkungen des Lottospieles werden diese wirksam ergänzen.

In Wien haben sich die Züge, die das öffentliche Leben durch das Lotto erhält, wegen seiner Eigenschaft als Grossstadt, in der die Kluft zwischen Arm und Reich am grössten und daher die Verführung, seine Lage mit einem Schlage zu verbessern, am mächtigsten ist, ungemein markant ausgeprägt, weshalb im folgenden immer Wien gemeint ist, sofern nicht ausdrücklich ein anderer Ort genannt wird.

Am intensivsten entfaltet sich das „Lottoleben" an den Ziehungstagen. Die Collecturen — es fehlt fast in keiner grösseren Strasse eine solche — sind dann von Spielern, Neugierigen und Müssiggängern geradezu belagert. Der Laden fasst kaum mehr die Menge der Spiellustigen, und nur zu oft ist der Collectant genöthigt, eine Hilfskraft aufzunehmen, um dem Andrange gewachsen zu sein. Die am Lottospiel so öffentlich sich Betheiligenden lassen schon durch ihr Aeusseres die sociale Classe errathen, welcher sie zugehören: ein Duft von Branntwein, Hunger und anderem Elend lagert über der drängenden Masse. Es sind meist ärmliche, schlecht genährte und oft auch reducirt bekleidete Individuen, in

deren Gesichter die Sorgen tiefe Furchen gegraben und in deren
Mienen alles eher zu entdecken ist als frohe Hoffnung, wenn auch
nur auf einen Lottogewinnst: ihre Hoffnung ist schon zu oft betrogen worden. Vor dem Eingang in den Laden prangen auf einer
schwarzen Tafel in grossen, mit weisser Kreide gemalten und
gelb umrahmten Ziffern die Gewinnstnummern der letzten Ziehungen.
Diese werden von der umlagernden Menge mit lebhaftem Interesse
zur Kenntnis genommen. Sie alle fühlen sich gleichsam von einem
gemeinsamen Bande umschlungen; Leute, die einander sonst nicht
kennen, tauschen ihre Ansichten über die in der letzten Ziehung
„herausgekommenen" Zahlen aus und besprechen die Chancen der
nächsten Ziehung. Bei diesen von tiefem Ernst und grosser
Sachlichkeit getragenen Debatten ist das weibliche Geschlecht
meist vorherrschend, welches in einem eigenartigen Typus weib-
licher Collecturenhabitués — im Volksmund „Lotterieschwestern"
genannt — vertreten ist: dürre, meist vor der Zeit gealterte
Frauen, mit blassem Teint und einem Gesammtausdruck, der weit
mehr auf Kaffee- als auf Fleischnahrung schliessen läst. Gewöhnlich hat sich auch der „Schusterbub" eingestellt, der grosse,
heitere Raisonneur der Wiener, der hier aber nicht über der
Situation steht, sondern scheu und furchtsam die paar mühsam
ersparten Kreuzer dem Collectanten auf den Tisch zählt und dabei die Nummern ansagt, die der Frau Meisterin, wenn nicht ihm
selbst, in der verwichenen Nacht erschienen sind; er ist eine
charakteristische Figur, die in keiner Collectur fehlen darf, und
seine Bedeutung ist dadurch gekennzeichnet, dass auf dem Titelblatt der „officiellen Traumbücher" — es gibt solche! — ein
Schusterjunge abgebildet ist, wie er, baarfuss und das Schurzfell
vorgebunden, hüpfend und lärmend aus dem Collecturladen stürmt:
er hat sicher etwas gewonnen.

Man darf nicht glauben, dass in das Lotto blos nach plötz-
lichen Eingebungen gesetzt wird; der Aberglaube, auch in seiner
krassesten Form, spielt beim Lotto eine grosse Rolle. Für die
meisten Spieler sind die Traumbücher massgebend, von denen das

obenerwähnte officielle „älteste, echte, grosse, egyptische Traumbuch vom Jahre 1204" das verbreiteste ist. Dieses enthält eine grosse Anzahl möglicher und unmöglicher Träume, nach Schlagworten alphabetisch geordnet, und zu jedem Traume nebst der Deutung eine oder mehrere Glückszahlen für das Lotto. Für diejenigen, die keine Träume haben, dient der Anhang des Büchleins: eine „Tabelle über die geheime Würfelkunst. Hieher gesetzt, um seinen Mitmenschen zu dienen". In dieser wird gezeigt, wie man durch zwei Würfel Glückszahlen bestimmen kann. Wer sich endlich weder auf Träume noch auf Würfel verlassen mag, kann auch auf andere Weise zu Nummern gelangen. Fast an jeder Strassenecke, besonders in der wärmeren Jahreszeit, steht ein Mann, gewöhnlich ein Gottscheer oder Italiener, mit ein Paar Kanarienvögeln in einem gelb angestrichenen Käfig; die Thiere sind abgerichtet und ziehen mit dem Schnabel aus einem Kästchen „Glücksplaneten". Das sind kleine Zettel, mit Wahrsagungen bedruckt, die, was Vieldeutigkeit und Unverbindlichkeit anlangt, kaum hinter den viel älteren delphischen Orakelsprüchen zurückstehen, dagegen vor diesen einen Vorzug voraus haben: die Wahrsagung wird ergänzt durch Glücksnummern, die „unbedingt gewinnen müssen."

Mitunter tritt der Aberglaube in noch krasserer Form zu Tage. Alljährlich am Agnestage fährt das ganze lottospielende Wien nach dem Vorort Sievering zum „Jungfernbrünnl", wo man von der „Glücksgöttin" in der Gestalt einer lieben alten Frau Ternonummern erhält. Dazu gibt es noch eine grosse Menge anderer populär-kabbalistischer Mittel, die hier der Reihe nach aufzuzählen nicht im Sinne dieser Abhandlung gelegen sein kann.

Von grossem Einfluss auf das Lottospiel, den besonders kräftig die Lottogefällskasse spürt, sind die Tagesereignisse, die seit langem bei den geistig höher stehenden Spielern die Stelle der Planeten und Traumbücher vertreten. Aus der Tagesgeschichte, aus persönlichen Erlebnissen und aus politischen und localen Ereignissen weiss der richtige Lottospieler seine Nummern zu kombiniren. In Oesterreich kann immerhin der Gesammtbetrag der Lottoeinlagen, welche nach einem grossen Ereigniss, das in Nummern gedeutet wird, gespielt werden, den Maasstab dafür bilden, bis zu welchem Grade die österreichische Bevölkerung für einen Vorfall interessirt worden ist. Die Wiener Chronik speciell zählt eine lange Reihe solcher Lottoereignisse auf. Seit dem Tode Kaiser Ferdinands, wo auf die „Kaisernummern" viele Ternen gewonnen wurden, lässt der Wiener kein grösseres Ereigniss, das ihn innerlich bewegt, vorübergehen, ohne mit Lottonummern, die er daraus ableitet, dazu Stellung zu nehmen. Als charakteristisch seien von solchen Lottoereignissen genannt der Tod des Fürsterzbischofs von Wien, Kutschker, an dessen Sterbetag in Wien allein 128 000 Gulden in die Collecturen getragen wurden, die Hinrichtungen der Raubmörder Francesconi, Schenk, Schlossarek und anderer, der Tod des populären Scharfrichters von Wien Willenbacher, die Besteigung des Stefansthurmes durch Joseph Pircher (Thurmnummern!), der Tod der Kaiserin Maria Anna und das Attentat auf Allexander II. von Russland [1]).

[1]) In ganz ähnlicher, nur noch intensiverer Weise wird in Italien die Bedeutung öffentlicher Geschehnisse gewürdigt. So mag erwähnt werden, dass das grosse Erdbeben in Süditalien und Frankreich um die Mitte der achtziger Jahre dem italienischen Staate eine Mehreinnahme aus dem Lotto von 60 000 Lire eingebracht hat. — Um die Art, wie Ereignisse im gewöhnlichen Leben für das Lottospiel verwertet werden, zu kennzeichnen, sei hier die ebenso anmuthige als charakteristische Historie mitgetheilt, die der Abgeordnete Dr. Roser in der Sitzung vom 28. Februar 1893 (Stenogr. Protokolle, S. 9766 ff.) dem aufhorchenden Hause vorgetragen hat. „Die Marqueursgattin Josefa Friedrich", erzählte er damals, „wurde, weil ihr Schosshund ohne Maulkorb herumlief, zu einer Geldstrafe von 2 Gulden verurtheilt. Bei Gericht äusserte sie, dass sie die 2 Gulden gern zahle, weil ihr ihr liebes Hündchen Glück gebracht habe. „Wie kommt das?" fragte der Richter? — „Ja", sagte sie, „als ich die Vorladung bekam, schau' ich mein Hündchen an, es schaut mich an, und wie ich es so anschaue, reibt es sich mit seinem Köpfchen an meiner Hand. Was hast du denn fortwährend, liebes Thierchen, fragte ich — es aber reibt fort mit seinem Köpfchen an meiner Hand —

Für die ganz enragirten Spieler, denen die grossen Ereignisse doch zu selten eintreten, um ihren Hunger nach guten Lottonummern zu stillen, ist durch eine überaus reichhaltige Lottoliteratur gesorgt. Es ist kaum übertrieben, wenn man die Zahl der verschiedenen, hierher gehörigen literarischen Produkte auf viele Hunderte schätzt. Gegen das Ende der siebziger Jahre hat diese Literatur, die es seit Einführung des Lottos immer gegeben hat, in Oesterreich einen geradezu erschreckenden Aufschwung genommen, der hervorgerufen ist durch die in den Krisenjahren dem Lotto überaus günstig gewesene Stimmung, und der auf diese auch, wie oben gezeigt, wieder zurückgewirkt hat. Diese Schriften sind gewöhnlich ein bis zwei Bogen stark, auf ordinärem Papier gedruckt und auffallend theuer; sie kosten im Durchschnitt zwei bis drei Gulden pro Stück. Im allgemeinen stehen sie noch immer auf einer höheren Stufe als die unausrottbaren Traumbücher und suchen, indem sie in mühsamem Deutsch missverstandene Elemente der höheren Mathematik mit kabbalistischen Velleitäten vermengen, dem ganz Ungebildeten gegenüber, der allein als Leser oder Käufer in Betracht kommt, den Schein einer Art von Wissenschaftlichkeit zu erwecken. Die Verfasser dieser Broschüren hüllen sich gewöhnlich in ein bescheidenes, aber begreifliches Dunkel und wollen ihre Elaborate nur „zum Nutzen der Mitmenschen", wenn nicht gar der „Menschheit" geschrieben haben. In sehr handlicher Form und zu mässigeren Preisen präsentirt sich eine Reihe der beim Publicum besonders beliebten Spielmethoden in dem seit 1881 erscheinenden „Neuen österreichischen Lotteriekalender". Das Titelblatt dieses Kalenders verspricht nebst neuen „geheimen" Lottospielmethoden noch einige „neu er-

---

in dem Augenblicke erblickte ich die Marke, die mein liebes Hündchen am Halse trug. Halt, dachte ich mir, das hat etwas zu bedeuten, versuchst dein Glück im Lotto. Gedacht, gethan! Ich setze die Nummer der Marke, die Nummer des Alters des Hündchens, mein Alter, die Nummer der Vorladung, die Nummer des Wachmannes, der mich angezeigt, in die Lotterie. Und siehe da, der liebe Gott fügte es, dass ich drei Terno gewann".

„forschte und auf mathematischer Berechnung basirende und sicher
„Gewinn bringende Methoden: eine Methode von der Somnambule
„Mlle Duclose sammt Triangel von Apollonius Lindicus; eine Me-
„thode von Dr. Brunnenthal, ehemals Professor in Jena, und eine
„Methode von Prof. A. von Hohenau in Giessen". Ein Blick in
diese in einem naiven Kauderwelsch dargestellten Methoden genügt, um den Eindruck eines gemeinen und sehr wenig raffinirten
Schwindels zu erhalten.

Zugleich mit der Flutwelle von derartigen Machwerken, die
Ende der siebziger Jahre über Oesterreich hereinbrach, tauchte
auch wieder jene fast in Vergessenheit gerathene Sorte von Lottopropheten auf, von deren Inseraten die Tagesblätter jener Zeit
geradezu strotzen. Man möchte es kaum für möglich halten, dass
der unverfrorene und im höchsten Grade plumpe Schwindel
dieser Art von Prophetie so lange ziehen konnte. Er wirkte,
trotzdem er mit den eben besprochenen Lottoschriften auf einer
moralischen und culturellen Höhe stand, doch viel abstossender
als diese. Der Hauptvertreter dieses Gewerbes ist der zu einer
gewissen Berühmtheit gelangte Rudolf Orlice, „Professor" der
höheren Mathematik, der, von Geburt ein Böhme und Ptacek
heissend, von Berlin aus jahrelang und fast ungestört sein
Schwindelgewerbe in Oesterreich ausgeübt hat. Sein grosses
Beispiel brachte bald die Prophetengabe vieler Anderer an den
Tag, und es entstand ein schwunghaft betriebener Handel
mit Glücksnummern und Spielmethoden, so dass schon im Jahre
1883 [1]) Dr. Roser im österreichischen Abgeordnetenhaus aus
einem einzigen Blatt nicht weniger als zehn Inserate von Lottomathematikern verlesen konnte. Um die ganze Gattung zu charakterisiren, möge eines der Inserate, wie sie zu hunderten in der
österreichischen Tagespresse zu finden waren und noch heute sind,
im Wortlaut hier Platz finden:

„Wie von Sonnenstrahl geblendet, musste ich die Augen
„schliessen; die Orgel liess ihre sanften Töne erklingen, ich fühlte

---
[1]) Sitzung vom 13. März (Stenogr. Prot., S. 9769 ff.)

„mich schon nach Jenseits ins Paradies versetzt. Gleich vielen „Sternen am Himmel schwebten unendliche feurige Zahlen in den „Lüften, in deren Mitte unser rettender Engel, Herr Michalik, „erschien, an seiner Rechten die Glücksgöttin Fortuna, zur Linken „der Erzengel Michael mit der Himmelsposaune, der laut ver- „kündete: Herr Michalik ist's, der, von Gottes Gnaden erkoren, „Euch Glück und Segen spendet! Nur an ihn sollt Ihr Euch „wenden, damit es Euch wohl ergehe auf Erden in aller Ewig- „keit! Amen." —

Wenn die Traumbücher, die auf die dümmste, wenn auch harmloseste Art des Aberglaubens zugeschnitten sind, auf der untersten, die verschiedenen Lottoschriften und die Praktiken der Lottopropheten auf einer höheren Stufe stehen — derjenigen sonstiger Prellerei und Bauernfängerei —, so hat die Lottoliteratur in den gleichfalls zu Ende der siebziger Jahre aufgekommenen Lottozeitungen zweifellos die höchste Stufe erreicht. Diese Literatur hat der oben erwähnte Orlice in Fluss gebracht, der von Berlin aus ein „Glücksblatt" herausgab, welches in Oesterreich in 50000 Exemplaren pro Nummer verbreitet war. Bald folgten weitere Unternehmen dieser Art; erwähnt seien nur die „Allgemeine Oesterreichische Lottozeitung" (seit 1883) und der „Glücksbote" (seit 1886). Sie alle sind im Laufe der letzten Jahre eingegangen, wohl infolge der abnehmenden Spiellust. Diese Blätter geberdeten sich meist wissenschaftlich und wurden von praktischen Lottospielern auch in der That als die wissenschaftlichen Organe, als die sie sich gaben, anerkannt. In diesen Blättern war alles zu finden, was der Lottospieler von einem Fachorgan verlangen konnte. In jeder Nummer als Leiter zunächst ein theoretischer Artikel wie: „Der denkende Lottospieler" oder „Eine Parallele zwischen dem Lotto und dem Hazardspiele". Den Haupttheil bildete eine sorgsam gepflegte Statistik der Ziehungen; es wurden da sämmtliche Nummern verzeichnet, die in den Ziehungen der letzten vierzehn Tage herausgekommen waren, dann die seit Monaten und Jahren ausstehenden, so wie die „spielreifen"

Nummern, die nach Berechnung des Verfassers mit der grössten Wahrscheinlichkeit demnächst gezogen werden müssten. Daran schloss sich, um auch etwas fürs Gemüth zu bringen, ein belletristischer Theil und eine Tageschronik, die in gewissenhaftester Weise die Lottoereignisse der abgelaufenen Woche würdigte. Um der Wahrheit die Ehre zu geben, muss anerkannt werden, dass diese Blätter auf das Heftigste und häufig nicht ohne Erfolg die Lottomathematiker angegriffen und deren Treiben beleuchtet haben. Waren die Motive dieser sittlichen Entrüstung auch nicht immer ganz lautere — es galt ja unter anderem auch, gefährliche Concurrenten abzuschütteln — so muss ihre Wirkung doch sympathisch begrüsst werden.

Wenn man den Elementen nachgehen will, welche in Oestereich den günstigen Boden für das Lotto schaffen geholfen haben, so hat man eine der hauptsächlichsten Vorbedingungen für das erschreckende Ueberhandnehmen des Lottoübels wohl in dem stark entwickelten Hang zum Aberglauben zu erblicken, dem in Oestereich seit jeher sehr gehuldigt worden ist. Er ist der ewige moralische Nährboden des Lottos, ja es ist ein anderer kaum zu denken. Hiebei ist zu erwägen, dass der Katholizismus, zu dem sich in Cisleithanien fast 80 % der Bevölkerung bekennen, indirekt sehr viel zu dem in Oesterreich noch immer wuchernden Aberglauben aller Art beiträgt, der in allen Schichten vertreten ist und nur einige feinere Differenzirungen aufzuweisen hat; er hat den grossen Hang zu einer Art von Fatalismus hervorgerufen, der im Kampf ums Dasein zuweilen ein guter Nothanker sein mag, im ganzen aber doch zu theuer, nämlich auf Kosten der Entschlossenheit und der kräftigen Initiative, erkauft werden muss. Wenn man die Geschichte des Lottos in andern Ländern verfolgt, so ergibt sich, dass gerade in den katholischen Ländern das Lotto immer so festen Fuss gefasst hatte, dass es beinahe unausrottbar erschien [1]). Während England und Preussen schon im Anfang dieses Jahrhunderts (1802, bezw. 1810) ihre staatlichen Lottobanken aufheben konnten, findet sich dieses

---

[1]) Ueber das Lotto unter päpstlicher Herrschaft vergl. S. 4 f.

Spiel im katholischen Frankreich noch bis 1832, im katholischen Bayern bis 1861, und besteht in Oesterreich und Italien, die beide katholisch sind, bis auf den heutigen Tag. In Oesterreich hat die Kirche, von ganz geringen Ausnahmen abgesehen, niemals Stellung gegen das Lotto genommen, obschon dies sehr wirksam hätte geschehen können. Auch mit der Würde der Kanzel und den sonstigen Aufgaben, die sich die Kirche stellt, wäre eine scharfe Agitation gegen das Lotto ganz gut vereinbar. Die Staatsregierung, die in Hinsicht auf das Lotto ihren rein fiscalischen Standpunkt nicht aufgeben will, hat nicht nur die längste Zeit ruhig und zufrieden das Anwachsen der Spielleidenschaft mit angesehen, sie hat diese sogar mit allen ihr zu Gebote stehenden Mitteln noch zu schüren gesucht. Sie hat die Lottoliteratur so üppig in die Halme schiessen lassen, obschon sie ein Mittel in Händen hat, um mit einem Schlage diesen ganzen jungen Gewerbszweig zu vernichten: das Mittel der Censur, das sonst nie zu versagen pflegt. Sie duldet in ihren eigenen Collecturen den Verschleiss von Lottoschriften, hat sogar diese Literatur bereichert durch Herausgabe eines „Lottotarifes", aus dem in grossen suggestiven Ziffern die Gewinnste, die bei den einzelnen Spielarten möglich sind, entnommen werden können. Einen vernünftigen Spielplan herauszugeben, der, allgemein zugänglich und verständlich, die sehr geringen Gewinnstchancen bei diesem Spiele betonen würde, dazu hat sich die Regierung bisher noch nicht entschliessen können, obwohl sie schon vor dreissig Jahren im Abgeordnetenhaus mit Parlamentsbeschluss[1]) aufgefordert wurde, „mit dem nächsten Budget den Spielplan vorzulegen". Sie steht eben noch immer auf dem rein fiscalischen Standpunkt, der, gerade dem Lotto gegenüber, kaum zu verantworten ist: das Lotto, das nun einmal Monopol sei, müsse voll und ganz fiscalischen Zwecken dienstbar bleiben. In ihrer ganzen Nacktheit tritt diese Auffassung zu Tage in einem der zahlreichen Regierungscirculare, welche die Ausrottung der Winkellotterien in Nordböhmen ankündigen, die zum „empfindlichen Schaden" des — Lottogefälles bestünden!

---

[1]) Sitzung vom 19. Mai 1868 (Stenogr. Prot., S. 3372).

Ganz in diesem Sinne sucht die Regierung, obschon dies heute fast überflüssig scheint, dem Lotto mit reklameartigen Mitteln zu Hilfe zu kommen, um die Wenigen anzulocken, in denen die schlummernde Spiellust noch nicht erwacht ist. Mit welchem feierlichen Pomp zum Beispiel wird die Ziehung abgehalten! Wenn auch nicht mehr wie in alter Zeit, wo zur Vornahme der Ziehung auf einem grossen, freien Platze ein Gerüst aufgeschlagen wurde, und unter Trommelschlag und Fanfarenklang, oft eingeleitet durch eine religiöse Ceremonie, dieselbe abgehalten wurde, so geht es auch heute dabei noch genug theatralisch zu. Es ist ein Schauspiel, das immer eine Menge von Menschen anlockt, die in fiebrischer Spannung dem Vorgang folgen. Die Nummern, die gezogen worden sind, werden von Mund zu Mund weiter gegeben, bis sie ins Freie gelangen, wo sich unterdessen eine Menge von Betheiligten und Neugierigen angesammelt hat, die der Saal nicht mehr fassen kann. Ein Ziehungstag ist immer ein kleines Ereignis, und die Tagesblätter beeilen sich, die fünf gezogenen Nummern so rasch als möglich zu veröffentlichen.

Damit wäre der characteristische Dunstkreis von Aberglauben und Leichtsinn, von Elend und Verkommenheit, der das Lotto umgibt, in der Hauptsache gekennzeichnet. Es ist trotz der verschämten Versuche, die erst wieder in jüngster Zeit gemacht worden sind, ganz unmöglich, den Anachronismus, den das Lotto heute vorstellt, zu leugnen oder sein Fortbestehen für unbedenklich zu erklären. Es ist bereits oben ausgeführt worden, wie um die Mitte des vorigen Jahrhunderts das Lotto auch nach Oesterreich gekommen ist und wie es, ganz unvermeidlich und fast selbstverständlich, vom Staate ausgenützt und zum Monopol gemacht wurde. Es ist gezeigt worden, wie es bei dem damals immerhin in Betracht kommenden hohen Gewinn, den es abwarf, eine ziemlich wichtige Rolle im Staatshaushalt gespielt, und wie die fortwährenden Kriege und Finanzkrisen die Aufhebung des Lottos, welche die Einbusse eines damals stark ins Gewicht fallenden Betrages für die Staatskasse bedeutet hätte, immer wieder hinausgeschoben haben. Bei dem heute so riesenhaft angewachsenen Budget jedoch, in welchem die Einnahmen aus dem Lotto in den letzten Jahren wenig mehr als 1 % des Gesammtbudgets betragen haben, ist der Vorwand, als könnte das Lotto, das sich als Institution moralisch schon längst überlebt hat, aus finanziellen Gründen nicht fallen gelassen werden, ganz unhaltbar geworden. Ausserdem muss es auch vom finanztechnischen Standpunkt aus als bedenklich erklärt werden, 17 Millionen von der Bevölkerung zu erheben, um 6 Millionen Reingewinn zu erzielen.

Ist das Lotto schon vom Standpunkt einer vernünftigen fiskalischen Beurtheilung zu verwerfen, so ist es dies noch weit mehr vom allgemein culturellen, wie vom moralischen und wirthschaftlichen Gesichtpunkt aus.

Das culturfeindliche Moment, welches im Lotto zu sehen ist, insofern es die Hauptstütze für die gröbste Art von Aberglauben bietet, ist bereits oben gekennzeichnet worden. Die moralische Schädigung nun gar, die es hervorruft, ist so augenscheinlich, dass es fast überflüssig erscheint, sie durch Beispiele zu illustriren. Es vergeht kein Jahr, in dem nicht eine Reihe von Verbrechen bekannt werden, die direct und eingestandenermassen nur auf Rechnung des Lottos zu setzen sind. Die österreichische Criminalchronik ist an solchen Fällen ausserordentlich reich. Ausser Angehörigen der unteren Schichten, die naturgemäss das Hauptkontigent der Spieler und damit auch der Verbrecher aus dem Lotto stellen, sind es — dies lässt sich immer wieder beobachten — aus den mittleren Schichten der Bevölkerung vornehmlich die kleinen Beamten, denen sich bei ihren ziemlich knappen Gehältern und der oft aussichtslos versperrten Carriere plötzlich der Gedanke aufdrängt, eine Aenderung ihrer prekären Lage durch das Glücksspiel herbeizuführen. Wie alle Lottospieler, die den gebildeten Ständen angehören, spielen sie die sogenannten Combinationsspiele; sie spinnen sich dabei in Combinationen ein, die vornehmlich in dem Besetzen derselben Nummern bei stets steigenden Einsätzen (Progressionsspiel) bestehen, und sehen sich, wenn die kleinen

Ersparnisse dabei aufgebraucht sind, verleitet, die Combinationen mit geliehenem, wenn nicht veruntreutem Gelde fortzusetzen, um den bisher aufgewendeten Betrag nicht verfallen zu lassen. Das Hauptkontingent der Spieler stellen jedoch, wie schon oben angedeutet, die unteren und untersten Schichten der Bevölkerung. Der Versuch einer diesbezüglichen Statistik, gewiss nur sehr unvollkommen durchführbar, wäre sehr lohnend. Es ist bedauerlich, dass ein solcher Versuch in Oesterreich noch nicht ventilirt, geschweige denn ausgeführt worden ist. Die Schweizer, die lange nicht so vom Lotto geplagt waren, haben diesen Versuch schon in den zwanziger Jahren unternommen. Die Herren Forel und Jaquet in Murten haben in einem Referate [1]) über „die Schädlichkeit der Lotterien, hauptsächlich im Canton Waadt" über eine statistische Erhebung berichtet, die während des Laufes von zehn Lotterien in einem Bureau der waadtländischen Klassenlotterie durchgeführt worden ist. Derzufolge waren übernommen worden von im ganzen 2007 Billets:

164 von reichen Personen verschiedenen Berufes,
810 von Landbauern und kleinen Grundeigenthümern,
256 von Rebleuten, kleinen Pächtern, Tagelöhnern, Gesellen und Knechten,
488 von Handwerkern,
174 von Kaufleuten und Krämern,
 32 von Lehrern und Institutsinhabern,
 83 von Unbekannten,
_____
2007

also von
164 vermöglichen Personen,
909 von mittelmässigem Besitz,
934 Armen, Falliten und Unterstützten.

Mit Recht betonen die Referenten, dass diese Zählung nicht ganz verlässlich sei, da die Käufer oft Namen und Beruf falsch

---

[1]) Neue Verhandlungen der Schweizerischen Gemeinnützigen Gesellschaft. 1829. V., S. 358 ff.

angeben, oft auch mehrere Billets sich in den Händen eines Einzelnen befinden.

Ergaben sich schon bei der Waadtländischen Lotterie, die als Klassenlotterie bei der Höhe des Preises der einzelnen Lose (30 Francs) naturgemäss eine andere Gruppirung hervorrufen muss, schon solche Resultate, so müssten sie sich bei dem auch den Aermsten verhältnissmässig leicht zugänglichen Lotto entsprechend ausdrucksvoller gestalten. So interessant und lehrreich eine solche statistische Aufnahme beim österreichischen Lotto auch sein müsste, so ist sie doch nicht gerade notwendig, um nachzuweisen, dass fast ausschliesslich die ärmsten Schichten den Verführungen des Lottos erliegen. Die Fälle, wo sich der Mittelstand oder noch höhere sociale Klassen mit diesem Spiel befassen, sind sehr selten[1], da die Gewinnste meist denn doch zu geringe sind, um einen vernünftigen Menschen zum Spiele zu reizen. Der Augenschein macht eine Statistik fast überflüssig; er zeigt, wie in der überwiegenden Mehrzahl der Fälle Näherinnen, Dienstboten, Kellner, Fabrikarbeiter, Handwerker, Kleingewerbetreibende, Commis, Halberwachsene und endlich Arbeitslose es sind, die dem Lotto zum Opfer fallen. Dazu ist es nur selten der Sparpfennig, der in die Collecturen wandert, weil der grösste Theil der Spieler gar nicht in die Lage kommt, einen solchen zu erübrigen; die geringen Einzelbeträge müssen auf andere Weise aufgebracht werden, meist durch Auferlegung von Entbehrungen aller Art. Es ist charakteristisch, dass, so gering auch der kleinste zulässige Einsatz ist — fünf Kreuzer —, es doch Leute gibt, die gezwungen sind, zusammen zu steuern (Societätsspiel)

---

[1] Anders war dies um die Mitte und gegen Ende des vorigen Jahrhunderts, wo der Reiz der Neuheit noch wirkte, und sich auch die vornehmsten Leute mitunter den „Spass" machten, ins Lotto zu setzen. Die Geschichte hat die Kenntnis von einem grossen Lottogewinnst von 1200 Dukaten aufbewahrt, den im Jahre 1762 der damalige schwedische Gesandte am Wiener Hofe gemacht hat und der viel besprochen wurde. (Vgl. Ranke, a. a. O., S. 707.)

und dann auf Theilung zu spielen, eine Art des Spieles, die in den grossen Städten seltener vorkommt, auf dem Lande aber, besonders in Orten, wo sich keine Collectur befindet, fast die Regel bildet. Es hat sich in solchen Orten im Laufe der Zeit eine gewisse, individuell angepasste Organisation des Spiels herausgebildet, die den Mangel einer Collectur kaum mehr fühlbar macht. Einmal, oft auch mehrmals in der Woche sammelt irgend eine unternehmende Person bei den Spielern des Ortes die Einsätze, um nach der nahen Stadt, in der sich eine Collectur befindet, zu fahren und die Spielaufträge auszuführen.

Im allgemeinen ist die Betheiligung am Lotto auf dem Lande weniger rege als in den Städten, wohl darum, weil dort die Collecturen fehlen, welche die hauptsächlichste Anregung zum Spiele bieten, und weil der Landbewohner mit dem baaren Gelde, das er viel seltener zu Gesicht bekommt als der Städter, etwas bedächtiger umgeht. Die Hauptgebiete intensiver Spielbetheiligung sind nebst den Landeshauptstädten, in denen sich das Proletariat ansammelt, die industriereichen Orte. Nordböhmen liefert dafür den augenscheinlichsten Beleg. In den Industriestädten dieses Theils von Böhmen, wie in Warnsdorf, Aussig, Leitmeritz, Teplitz und Haida, wird nicht nur dem k. k. Lotto von der Fabriksbevölkerung eifrig zugesprochen, es konnten sich dort mit dem Beginn der achtziger Jahre sogar eine Reihe von Winkellotterien aufthuen. Diese, unter dem Spitznamen der „blauen Lotterien" allgemein bekannt, nehmen als Einsatz auch den allerkleinsten Betrag, meist aber auch Waaren wie Kartoffeln, Kaffee, Zucker, Mehl u. s. w., so dass, wie der Abgeordnete Dr. Foregger im Abgeordnetenhause [1]) erzählen konnte, „die kleinen Leute zum Kaufmann gehen, dort um einige Kreuzer Zucker ausborgen und schuldig bleiben, dann zum Einschreiber gehen und den Zucker dort als Einsatz in die Lotterie geben". Gespielt wird hiebei auf jene Nummern, welche im k. k. Lotto in den verschiedenen

---

[1]) Sitzung vom 22. März 1884 (Stenogr. Prot.. S. 12293 ff.).

Orten, wo Ziehungen stattfinden, gezogen werden ¹), und ausbezahlt wird ganz nach dem Tarifsatze, den der Staat zahlt, nur mit dem Unterschiede, dass die Winkellotterie keine Steuerprocente abzieht. Diese Art von Lotterien ist in Nordböhmen sehr beliebt und hat sogar die angrenzende sächsische Fabriksbevölkerung zu Kunden. Den Finanzbehörden ist es bisher nicht gelungen, diesen auf dem Lotto wuchernden Parasiten gänzlich auszurotten.

Auch von den wenigen Vertheidigern ²), welche das Lotto in Oesterreich gefunden, kann angesichts solcher Thatsachen die eminente Schädlichkeit dieses Spieles für die Volkswirtschaft nicht bestritten werden. Was bei Betrachtung seiner wirtschaftlichen Wirkungen zunächst in die Augen springt, ist die ungerechte Vertheilung des Vermögenstheiles der Bevölkerung, der — nach Abzug der Verwaltungs- und anderer Kosten — in Form von Gewinnsten den Spielern wieder zufliesst. Diese Vertheilung, welche den Sinn für eine gesunde Wirtschaft untergraben muss, bringt bei den Anderen Neid, bei dem glücklichen Gewinner aber oft einen Hang zu Leichtsinn und Unwirtschaftlichkeit hervor. Wie gewonnen, so zerronnen! Das Lotto untergräbt den Sinn für Sparsamkeit, die ja die Wünsche nach grösserem Besitz lange nicht so rasch und ausgiebig befriedigen kann, wie das Lotto. Diese Wirkung kommt jedoch hier nur in beschränktem Maasse in Betracht, da es sich beim Lotto meist um Leute handelt, die wegen ihrer aussichtslosen ökonomischen Lage nur selten in die Gelegenheit kommen, Sparsamkeit irgendwie praktisch zu bethätigen. Sie opfern das

---

¹) Wien, Linz, Prag, Brünn, Graz, Triest, Lemberg, Innsbruck, Bozen und Trient.

²) Zu den Wenigen, die meist als Berichterstatter des Budgetausschusses im Abgeordnetenhause, also ex officio, dem Lotto gegenüber eine gewisse Schonung zeigen, gehört auch der derzeitige Finanzminister Dr. Josef Kaizl, der sich als Abgeordneter (in einer Sitzung des Budget-Ausschusses i. J. 1891) aus psychologischen Gründen (!) — der Spieltrieb wurzle zu fest, u. s. w. — gegen die sofortige Aufhebung des Lottos ausgesprochen hat.

Entbehrliche, oft auch das Unentbehrlichste, um etwas im Lotto wagen zu können. Wenn die Baarmittel, die gewöhnlich buchstäblich am Munde abgespart werden, zu Ende sind, schränken sie sich anderweitig ein: es wird ein Möbelstück nach dem andern überflüssig; sie alle, Schränke, Tische, Stühle, Matrazen, Bettwäsche und Tücher werden im Versatzamt zu Geld gemacht, und dieses wieder ins Lotto getragen [1]). Das Hauswesen verfällt, die tägliche Arbeit wird unerträglich, die Phantasie durch die vom Lotto beständig vorgegaukelten Bilder von plötzlichem Reichthum vergiftet, und eine Art von Stumpfsinnigkeit, die, keiner Initiative mehr mächtig, jede Aenderung der Lage von aussen her und mit einem Schlage erwartet, ist das Ende. Der Pauperismus, wo er in Oesterreich besteht, ist zum nicht geringsten Theile auf Wirkungen des Lottos zurückzuführen, und Victor Böhmert übertreibt nicht allzusehr, wenn er behauptet [2]):

„Oesterreich hat nun an Bayern einen „gefährlichen Concurrenten im Lotto verloren, und die Spieler in „Bayern und der Schweiz senden jetzt ihr Geld in die österr„reichischen Glücksbuden: aber Niemand wird behaupten wollen, „dass diese fremden Zuschüsse ein Segen für das österreichische „Volk seien. Wer jemals aus der Schweiz oder aus Bayern nach „Oesterreich gereist ist, wird den augenfälligen Unterschied be„merkt haben, der diesseits und jenseits der Grenzen im Wohl„stand, in der Bebauung der Felder, in der Reinlichkeit der „Häuser, in der Bildung und Haltung der Bewohner, in der Zahl „der Armen u. s. w. besteht".

Es hiesse zu weit gehen, wollte man, wie es seit Jahren bei den Debatten über das Capitel Lotto im österreichischen Ab-

---

[1]) Im Brüsseler Leihhause nahm 1829, nach Abschaffung des Lottos, während der nächsten fünf Monate die Zahl der versetzten Pfänder um 7887 ab, die Zahl der wieder eingelösten um 3609 zu, verglichen mit der entsprechenden Zeit des Vorjahres. (For. Quart. Rev., Nr. XXIX.)

[2]) Victor Böhmert: „Prämienanleihen". Berlin 1869, S. 41.

geordnetenhause zu geschehen pflegt, den wirtschaftlichen Niedergang und moralischen Tiefstand gewisser Bevölkerungsklassen ausschliesslich auf Wirkungen des Lottos zurückführen. Dass jedoch dieses Glückspiel geeignet ist, schwache Existenzen zu vernichten und Schäden und Störungen der verschiedensten Art im wirtschaftlichen Getriebe hervorzurufen, beweist leider eine endlose Reihe trauriger Thatsachen.

IV.

Der Kampf um das Lotto.

Der Kampf um das Lotto ist fast so alt, wie dieses selbst. Schon in den ersten Jahren nach seiner Einführung wurden Stimmen laut, welche diese Institution wegen ihrer wirthschaftsfeindlichen Eigenschaften angriffen. Es ist bereits oben gezeigt worden, dass man die Einführung des Lottos nicht ohne weiteres als einen social- und finanzpolitischen Fehler bezeichnen kann, besonders wenn man sich vor Augen hält, in welchem Zustande sich damals die Staatskassen befanden, und wie in der Zeit des blühenden Regalismus auch die sich fast aufdrängende neue Finanzquelle des Lottos beinahe mit Nothwendigkeit zum Regal werden musste. Justi, wohl der hervorragendste Cameralist der damaligen Zeit, bejaht die Frage [1]), ob „Lotterien zu dem ausserordentlichen Aufwande des Staates dienen können", unbedingt und meint gegenüber den Einwürfen „ansehnlicher Scribenten wider die Moralität solcher Anstalten", der Staat könne voraussetzen, dass jedermann diese Anstalten vernünftig gebrauchen werde, auch würden sich weder seine Kräfte noch seine Pflichten soweit erstrecken, dass er das Gegentheil verhindern könne. „Er kann", schliesst Justi seine Betrachtung über das Lotto,

---

[1]) J. H. G. von Justi: „Staatswirthschaft", 2. Th., Leipzig 1758, S. 460.

„die Unterthanen nicht bey den Haaren zu einem vernünftigen „und ihren Pflichten gemässen Gebrauche ihres Vermögens leiten; „und wenn er ihnen diesen Weg versperren wollte: so würden „sie hundert andere Arten finden, ihr Vermögen zu missbrauchen". Und der ebenfalls angesehene Marperger [1]) meint: „So verwerf-„lich sie (die Genuesischen Lotterien) einigen geschienen haben, „so halten sie doch in Ansehung des Staates und der mensch-„lichen Gesellschaft nichts schädliches in sich. Die Republik „sieht sich genöthigt, in den Commercien und Gewerben vieles „zuzulassen, wo man einen Theil seines Vermögens wagen, und „dem Glücke und ungefähren Zufalle übergeben muss, um etwas „zu gewinnen, und die menschlichen Geschäfte haben überhaupt „eine solche Beschaffenheit, dass der Verlust und Nachtheil des „einen dem anderen gemeiniglich zum Glücke gereichet. Die „Regierung, der es ohnedies gleichgültig seyn kann, in welchen „Händen sich der Reichthum des Landes befindet, hat also „keine Ursache, die Lotterien zu verwerfen. Es würde eine „vortreffliche Einrichtung der Republiken seyn, wenn man eitel „solche Abgaben einführen könnte, die von den Unterthanen mit „Freuden, und gleichsam aus eigener Bewegung entrichtet wür-„den".

In diesen seinen Ausführungen über die Lotterien hat Marperger wohl alles zusammengefasst, was sich damals zur Vertheidigung derselben anführen liess, und auch bis zum heutigen Tage sind die Freunde der Lottoeinrichtung mit ihren Gründen nicht um einen Schritt weitergekommen.

Aber schon damals hatte sich eine starke Opposition geregt, und namentlich sind es Schlözer, Büsch und Pütter gewesen, die mit der grössten Schärfe und Nachhaltigkeit dieses Institut verurtheilten. Insbesonders Pütter hat mit seiner Schrift: „Ueber die Rechtmässigkeit der Lotterien, insonderheit der Zahlenlotterien" sehr agitatorisch gewirkt und die Aufhebung so mancher Zahlenlotterie in Fluss gebracht.

---

[1]) a. a. O., S. 539.

Im Laufe der nächsten Jahrzehnte hat die von Pütter ins Leben gerufene Agitation gegen das Lotto angehalten. Sie ist sehr wirksam gewesen und hat in verhältnismässig kurzer Zeit Deutschland von seinen zahlreichen Lottobanken zum grössten Theile befreit. Dieser Erfolg muss umso höher angeschlagen werden, wenn man bei Marperger [1]) liest, dass „Teutschland eine unbeschreibliche Menge von Lotterien in diesem (dem achtzehnten) Jahrhundert gehabt, und es sey keine mittelmässige Stadt, die sich nicht ein solches Glückspiel verschafft hätte". Nach Aufhebung des preussischen Lottos im Anfange dieses Jahrhunderts war Deutschland bis auf Bayern von seinen Lottoanstalten befreit, und damit der Agitation gegen dieses Spiel die Spitze abgebrochen. Man hatte sich mit der Zeit an das Lottoübel gewöhnt und hielt es in den Staaten, die noch immer an ihm festhielten, für unausrottbar; dort war es das Schmerzenskind der Finanzverwaltung geworden, das um keinen Preis aufgegeben werden durfte.

Erst gegen die Mitte dieses Jahrhunderts beginnt sich die Bewegung gegen dieses Spiel von neuem zu regen, und Ende der vierziger Jahre hat es fast den Anschein gehabt, als ob ihm in Oesterreich bald das letzte Stündlein schlagen sollte. Hören wir, was der Finanzminister damals in einem Vortrage an den Kaiser ausführte [2])! Die öffentliche Meinung, heisst es da, fordere mit Entschiedenheit die Aufhebung des Lottos, das unter dem Gewande eines für die Volksmenge verführerischen Mittels zur Verbesserung der Zukunft der Spielenden so eingerichtet sei, dass die Letzteren im Ganzen stets verlieren, der Staat immer gewinnen müsse. Es sei wichtig, dass das Volk seinen Unterhalt und die Verbesserung seiner Lage nur von seinem Fleisse und von seiner Betriebsamkeit erwarte, aber auch der rein staatswirtschaftliche Standpunkt spreche gegen den Fortbestand

---
[1]) a. a. O., S. 540.
[2]) Vgl. Otto Hübner: „Oesterreichs Finanzlage und seine Hilfsquellen". Wien, 1849. S. 133 f.

des Lottos, da jährlich ein Betrag von (damals) 7,000.000 Gulden einer den Erwerb und Wohlstand belebenden Verwendung entzogen werde, während nur ein Drittheil dieser Summe für den Staat als Reinertrag erübrigt werde. Wenn auch das Ministerium sich genauer als irgend jemand anderer der Schwierigkeit bewusst sei, den Ausfall, der durch den Verlust dieses staatlichen Einnahmezweiges entstehe, zu decken, so müsse es doch auf die Aufhebung des Lotto-Gefälles antragen".

Der Vorschlag des Ministers fand bei Hofe kein Gehör; es blieb bei der Erkenntnis der unzweifelhaften Schädlichkeit des Lottos.

Einige Jahre später wandte sich ein junger Ministerialbeamter, der Baron Julius Sourdeau, in dieser Angelegenheit an den Minister Baron Bruck und arbeitete auf dessen Wunsch eine Denkschrift über die Abschaffung des Lottos aus, an dessen Stelle Sparkasse-Collecturen treten sollten. Sie würden eine Verbindung von Lotto- und Sparanstalten darstellen und hätten Lose zu 1, 2, 5, 10 und 20 Gulden auszugeben. Dieser Plan fand 1852 bei Bruck ein freundliches Ohr. Der Staatsrathspräsident Baron Kübeck unterstützte ihn selbst und veranlasste seine Besprechung durch die Ministerien der Finanzen und des Inneren. Auch der Finanzminister Baron Kraus stimmte zu, forderte aber noch drei bis vier Jahre zu seiner Inangriffnahme, da die Kassen erschöpft wären und er die damalige kaum vier Millionen Gulden eintragende Lottorente noch nicht entbehren könnte, es sei denn, dass er gleich dafür einen entsprechenden Ersatz erhielte. Im Laufe der Jahre fand sich wohl der gewünschse Ersatz, und zwar von nicht bloss vier, sondern jährlich sechshundert Millionen Gulden, um welche nach und nach der Ertrag der Steuern in Oesterreich zugenommen hatte, aber jetzt hatte man das Project wieder vergessen. Der junge Beamte dagegen, der mit seinem Entwurf sogar das Allerhöchste Wohlgefallen erregt hatte, ist rechtzeitig durch ein ausgiebiges Avancement getröstet worden [1]).

---

[1]) Vgl. Baron Julius Sourdeau „Lotteriesparkassen", Levico, 1892.

Ein ähnliches Project wurde 1865 dem österreichischen Abgeordnetenhause von Guido Elbogen[1]) vorgelegt, nach welchem in sogenannten „Lottosparkassen" ein Uebergangsinstitut vom Lottospiele zu den Staatssparkassen zu schaffen wäre. Die Lottosparkassen sollten annehmen:

1. Einlagen bis zu den kleinsten Beträgen behufs Verzinsung ohne Theilnahme am Spiel zu 3 Procent.

2. Beträge, deren Deponenten sich mit denselben am Spiele betheiligen wollen und daher mit der niedrigeren Verzinsung von 2 Procent vorlieb nehmen müssen, während die Differenz von einem Procent zur Bezahlung von Gewinnsten zu verwenden wäre.

Nach Elbogen's Berechnungen hätte schon nach Ablauf von ungefähr acht Jahren der Gewinn aus den Lottosparkassen den damals präliminirten Einnahmen aus dem Lotto gleichkommen müssen. Dieses Project, das als ein ernst zu nehmender Beitrag zur Lösung der österreichischen Lottofrage zu betrachten ist, wurde vom Petitionsausschusse des Abgeordnetenhauses der Regierung „zur Berücksichtigung" empfohlen. Eine solche ist ihm bis zum heutigen Tage nicht zutheil geworden[2]).

Erst mit dem Beginn der sechziger Jahre findet das Lotto eine Stätte, wo es in grösster Oeffentlichkeit besprochen werden kann: das österreichische Abgeordnetenhaus.

Den Reigen der österreichischen Kammerredner eröffnete im Jahre 1862[3]) der Abgeordnete Dr. Stamm. Er führte gelegentlich der Budgetberathung beim Kapitel Lotto aus, dass es überflüssig sei, gegen die Moralität dieses Glückspiels in Oesterreich noch etwas

---

[1]) Vergl. Guido Elbogen: „Lotto oder Sparkassen?" Wien, 1880.

[2]) Besser ist es ihm in Italien gegangen, wo es, ungefähr ein Jahrzehnt später aufgegriffen, im Jahr 1880 auch praktische Gestalt angenommen hat. Der Versuch ist aber nicht von Erfolg gewesen, wohl wegen der mangelhaften Organisation der Lottosparkassen, die darum nicht recht populär werden konnten. (Vergl. Cesare Rosmini: „Il giuoco del Lotto e il Risparmio" im „Giornale degli Economisti", Bd. I, 1886).

[3]) Sitzung vom 31. Juli 1862 (Stenogr. Prot., S. 3812 ff.).

vorzubringen, versuchte dagegen die Einwendungen, die bis dahin gegen eine Aufhebung des Lottos gemacht waren, durch reiches Thatsachenmaterial zu entkräften. Sein Antrag, das Lottogefälle vom 1. November 1863 an aufzuheben, wurde abgelehnt.

Fünf Jahre später tritt der Abgeordnete für Braunau (Böhmen), der praktische Arzt Dr. Roser, gegen das Lotto auf. Sein Name ist von den Kämpfen gegen das Lotto während der letzten dreissig Jahre nicht mehr zu trennen. Alljährlich, bei Durchberathung des Budgets, ergreift dieser Abgeordnete zum Kapitel Lotto das Wort. Man kann sagen, dass die Geschichte der parlamentarischen Thätigkeit des Dr. Roser implicite eine Geschichte des Kampfes um das Lotto in Oesterreich enthält. Die letztere soll — in Schlagworten — im folgenden erzählt werden.

In der Sitzung vom 26. September 1867 [1]) stellt Dr. Roser einen Antrag auf Aufhebung des Lottos, den er in der Sitzung vom 3. October desselben Jahres [2]) begründet. Der Antrag wird abgelehnt.

Im Jahre 1868 [3]) wiederholt er diesen Antrag, der jedoch aus Gründen der Geschäftsordnung des Hauses nicht zur Abstimmung zugelassen wird. Sein Antrag, mit dem nächsten Budget die Vorlage des Spielplanes zu verlangen, wird unterstützt. Es sprechen noch der Abg. Stamm und der als Berichterstatter der Butgetcommission fungirende Abg. Winterstein gegen das Lotto.

In der Sitzung vom 10. März 1869 klagt Dr. Roser darüber [4]), dass zwar die Zahl der Ziehungen von 30 auf 26 vermindert, dagegen die der Lottocollecturen vermehrt worden wäre, und schlägt eine Resolution vor, die Regierung aufzufordern, eine weitere Reduction der Ziehungen in Erwägung zu ziehen. — Der Abg. Dr. Stamm constatirt, dass in Böhmen wegen der sich am Lotto betheiligenden Nachbarländer die Spieleinlagen sich vermehren. Er

---

[1]) Stenogr. Prot., S. 679.
[2]) Stenogr. Prot., S. 710 ff.
[3]) Stenogr. Prot., S. 3371 ff.
[4]) Stenogr. Prot., S. 5201 ff.

schlägt die Erhöhung des kleinsten Spielsatzes auf einen Gulden vor, dringt aber mit seinem Antrage nicht durch. In derselben Sitzung stellt der Finanzminister Dr. Brestel die erfreuliche Thatsache fest, dass im Jahre 1868 das Erträgnis des Lottos abgenommen habe.

In den Jahren bis 1876 [1]) bringt Dr. Roser die üblichen Anträge auf Aufhebung des Lottos ein, immer mit dem gleichen Erfolge. Die Resolution von 1876:

„Die k. k. Regierung wird aufgefordert, dafür zu
„sorgen, dass beim Inslebentreten der Personaleinkommen-
„steuer das kleine Lotto aufgehoben werde"
wird dem Finanzausschusse zugewiesen.

In der Sitzung vom 16. März 1878 [2]) schlägt Dr. Roser als Ersatz für das aufzuhebende Lotto an neuen Steuerobjecten vor: Gasbeleuchtung, Luxusequipagen, in der Sitzung vom 21. April 1879 [3]) den Spielkartenstempel und eine Börsensteuer.

In der Sitzung vom 7. Mai 1880 [4]) verweist Dr. Roser auf das Project Guido Elbogen's und spricht gegen das bestehende Lotto. Der Abgeordnete Dr. Löblich ergänzt die Ausführungen Roser's. Die Resolution des Budgetausschusses lautet diesmal:

„Die k. k. Regierung wird aufgefordert, Maassregeln
„zur Einschränkung der Betheiligung am kleinen Lotto
„in Erwägung zu ziehen und dem Reichsrathe bei Vor-
„lage des nächstjährigen Staatsvoranschlages Bericht zu
„erstatten, eventuell Vorlagen zu machen".

In der Sitzung vom 10. Mai 1881 [5]) beklagt Dr. Roser seinen vergeblichen Kampf gegen das Lotto: „Man hat mir im „Jahre 1869 gesagt: sobald kein Deficit sein werde, wird das Lotto

---

[1]) Sitzungen vom 29. März 1874 (St. Pr., S. 1619), vom 5. December 1874 (St. Pr., S. 3088) und 16. December 1876 (St. Pr., S. 7615 f.).
[2]) St. Pr., S. 11572.
[3]) St. Pr., S. 14220 ff.
[4]) St. Pr., S. 3104 ff.
[5]) St. Pr., S. 5497 ff.

„aufgehoben werden. Nun, das deficitlose Jahr 1869 kam heran
„— das Lotto wurde nicht aufgehoben. Im Jahre 1879 tröstete man
„mich mit den Mehreinnahmen des Tabaks. Die Mehreinnahmen
„des Tabaks sind bedeutend gestiegen, das Lotto ist wieder nicht
„aufgehoben worden. In neuester Zeit sagt man: Nur Geduld, das
„Lotto wird schon aufgehoben, bis die neuen Steuern votirt werden.
„Nun, wir bringen unseren Wählern als Angebinde nach Hause
„die Grundsteuer, die Gebäudesteuer, die Schanksteuer, die Spiel-
„kartensteuer, die bereits alle votirt wurden, und andere wie die
„Börsen- und Gassteuer sollen erst votirt werden, und das Lotto
„wird doch fortbestehen".

In der Sitzung vom 1. März 1882 [1]) erklärt Dr. Roser, man müsse nun, da die Postsparkassen eingeführt werden sollen, das Lotto umso heftiger bekämpfen. Uebliche Resolution, und wenn diese, wie gewöhnlich, fallen sollte, folgender Eventualantrag:

„Die Regierung wird aufgefordert, die Reduction der
„Ziehungstage, die Einschränkung des Spieles auf einen
„und denselben Ort, die Beschränkung der Lottocollecturen,
„resp. die Unterlassung einer weiteren Vermehrung der-
„selben in Erwägung zu ziehen und bei der nächsten
„Budgetvorlage Bericht zu erstatten".

In der Sitzung vom 13. März 1883 [2]) beleuchtet Dr. Roser das Treiben der Lottomathematiker. — Resolution und Eventualantrag wie im Vorjahre.

In der Sitzung vom 23. März 1884 [3]) bespricht Dr. Roser eine besonders stattliche Reihe von spezifischen Lotto-Criminalfällen und stellt den üblichen Antrag auf Aufhebung des Lottos. Der Abgeordnete Dr. Foregger kommt auf die „blauen Lotterien" in Böhmen zu sprechen.

In der Sitzung vom 14. März 1885 [4]) bringt Dr. Roser den

---

[1]) St. Pr., S. 7114 ff.
[2]) St. Pr., S. 9769 ff.
[3]) St. Pr., S. 12291 ff.
[4]) St. Pr., S. 14474 ff.

bekannten Antrag auf Aufhebung, sowie einen Eventualantrag ein, betreffend Einschränkung der Spielstellen (in einem Ort nur eine!) und Herabsetzung der Zahl der Ziehungen von 28 auf 18. Der Abg. Löblich meint, dass der Ausfall, der durch Aufhebung des Lottos dem Staate entstehen würde, kein so bedenklicher wäre. Gerade die letzten sechs Jahre, während welcher die Regierung am Ruder sei, wären die geeignetsten gewesen, die geringe Summe von 7 bis 8 Millionen zu decken. In diesen sechs Jahren seien die Einnahmen, zur Hälfte durch neue Steuern, um mehr als 100 Millionen Gulden vermehrt, es wäre also die nöthige Deckung fast sechsfach gefunden worden.

In der Sitzung vom 6. April 1886 [1]) bringt Dr. Roser abermals die Sprache auf die unterdessen stattlich angewachsene Zahl der Lottomathematiker. Er beantragt die Aufhebung des Lottos und schlägt zur Deckung des Ausfalles in erster Linie Erhöhung der Branntweinsteuer, dann aber auch Einführung einer Personaleinkommensteuer vor. Er erinnert dabei an die Worte des Finanzministers, die ihm dieser vor einiger Zeit in einem Privatgespräch über das Lotto mit Pathos zugerufen habe: „Bewilligen Sie mir „die Personaleinkommensteuer, und ich werde Ihnen das Lotto „aufheben!" — Die Resolution des Budgetausschusses lautet in diesem Jahr:

„Die k. k. Regierung wird aufgefordert, sich mit „der von dem hohen Abgeordnetenhause so oft urgirten „Angelegenheit der Abschaffung oder wenigstens bedeuten- „den Einschränkung des kleinen Zahlenlottos in der Art „zu befassen, dass die Vorlage eines bezüglichen Gesetz- „entwurfes bereits für den nächsten Sessionsabschnitt mit „Bestimmtheit in Aussicht genommen werden kann".

In der Sitzung vom 18. Mai 1887 [2]) bemerkt Dr. Roser, dass der Professor der Nationalökonomie Dr. Julian von Duna-

---
[1]) St. Pr., S. 1689 ff.
[2]) St. Pr., S. 583 ff.

jewski (der damalige Finanzminister) in einem Vortrage das Lotto das verwerflichste und unmoralischeste Spiel genannt habe, und citirt das Wort Bismarck's über die Lotterien: „Das muss ein „Ende nehmen; eine Schmach für Deutschland diese Hallunken- „wirtschaft!" Nachdem noch der Abgeordnete Türk gegen das Lotto gesprochen und hiebei einen Vergleich zwischen Oesterreich und Monaco durchgeführt hat, erklärt der Generalberichterstatter des Budgetausschusses Dr. Bobrzynski, es sei erst dann an eine Aufhebung, beziehungsweise Einschränkung des Lottos zu denken, wenn es gelinge, durch eine durchgreifende Steuerreform neue und bessere Einnahmequellen für den Staat zu eröffnen. In diesem Jahre hat sich der Budgetausschuss mit nachfolgender Resolution eingestellt:

„Die k. k. Regierung wird aufgefordert, noch im „Laufe der gegenwärtigen Session einen Gesetzentwurf be- „treffend die Abschaffung der kleinen Zahlenlotterie mit „Bestimmtheit vorzulegen, und, solange das Lotto nicht „abgeschafft erscheint, für die Lottocollecturen die Sonn- „tagsruhe einzuführen".

In der Sitzung vom 14. Mai 1888 [1]) constatirt Dr. Roser, dass, trotzdem unter dem letzten Finanzminister die Einnahmen fast um 120 Millionen gestiegen sind, das Lotto, behufs dessen Abschaffung er abermals einen Antrag einbringe, dennoch bestehen geblieben sei. Abg. Dr. Bienert schildert das Unwesen der „blauen Lotterien" in Nordböhmen. — Die diesjährige Resolution des Budgetausschusses lautet:

„Die k. k. Regierung wird aufgefordert, sich mit „der von dem Abgeordnetenhause so oft urgirten Ange- „legenheit der Abschaffung oder wenigstens bedeutenden „Einschränkung des kleinen Zahlenlottos in der Art zu „beschäftigen, dass die Vorlage eines bezüglichen Gesetz- „entwurfes im Laufe der gegenwärtigen Session mit Be- „stimmtheit in Aussicht genommen werden könne".

---
[1]) St. Pr., S. 8530 ff.

In der Sitzung vom 5. April 1889 [1]) berechnet Dr. Roser, dass seit dem Jahre 1819 in Oesterreich nicht weniger als 800 Millionen Gulden aus den Taschen der Aermsten in die Lottocollecturen geflossen seien. — Resolution wie 1888.

In der Sitzung vom 5. Mai 1890 [2]) führt Dr. Roser in seiner Rede gegen das Lotto aus: „...Oesterreich ist zum Lotteriestaate „κατ'ἐξοχήν geworden. Wenn Oesterreich Anlehen machen will, „so muss es Lotterieanlehen machen; will Oesterreich die Wohl-„thätigkeit fördern, so braucht es die Spiellust und Spielwuth des „Volkes und veranstaltet eine Wohlthätigkeitslotterie; will es die „Pferdezucht heben, so muss eine Lotterie sein; will es Dome „bauen, so müssen Dombaulose geschaffen werden; will es die „Wittwen und Waisen versorgen, so muss Lotterie gespielt wer-„den....." — Der Budgetausschuss bringt diesmal folgende Resolution ein:

„Die k. k. Regierung wird aufgefordert, durch all-„mälige Einschränkung des Zahlenlottos die gänzliche Auf-„hebung desselben anzubahnen".

In der Sitzung vom 7. Juli 1891 [3]) verlangt Dr. Roser eine Erhöhung der Gewinnststeuer von 15 auf 20 Procent und die Verminderung der Lottocollecturen. Der Abg. v. Kraus spricht zu Gunsten einer Klassenlotterie, die vor dem Lotto viel voraus habe. Während in Preussen jährlich 8, in Braunschweig 12, in Sachsen 10 und in Hamburg 14 Ziehungen abgehalten werden, gebe es beim österreichischen Lotto jährlich 286 Ziehungen bei 104 Ziehungstagen. Wenn der Finanzminister sich entschliessen könnte, jährlich einen Betrag von $1\,^1/_2$ Millionen Gulden vom Lotto in Abschlag zu bringen, so würde sich das Lotto schon in dem verhältnismässig kurzen Zeitraum von sechs Jahren erschöpfen. Wenn gleichzeitig damit successive die Klassenlotterie eingeführt würde, so käme er schliesslich auf den Standpunkt

---

[1]) St. Pr., S. 12027 ff.
[2]) St. Pr., S. 15046 ff.
[3]) St. Pr., S. 1735 ff.

einer sicheren Einnahme von mindestens füuf Millionen Gulden. So würde das Lotto in einem kurzen, fixirten Zeitraum aus der Welt geschafft. — Resolution wie 1890.

In der Sitzung vom 28. November desselben Jahres [1]), bei Berathung des Staatsvoranschlages für das Jahr 1892, stellt Dr. Roser fest, dass die „blauen Lotterien" in Nordböhmen noch immer nicht ausgetilgt seien und bringt folgende Resolution ein, die dem Budgetausschusse zugewiesen wird:

„Die k. k. Regierung wird wiederholt aufgefordert, „das kleine Lotto aufzuheben, eventuell die Lottoziehungen „zu vermindern, die Gewinnststeuer von 15 auf 20 Procent „zu erhöhen, die Sonntagsruhe für die Lottocollecturen ein- „zuführen und die Lottoannoncen zu verbieten".

Resolution des Butgetausschusses wie oben.

In der Sitzung vom 28. Februar 1893 [2]) schlägt Dr. Roser zur Deckung des durch eine eventuelle Aufhebung des Lottos entstehenden Ausfalles eine Besteuerung der Zündhölzchen vor und beantragt nachstehende Resolution, die an den Budgetausschuss verwiesen wird:

„In Erwägung, dass die Besteuerung der Zündhölzchen „in Frankreich seit langem besteht und jährlich einen Rein- „gewinn von 40 Millionen Francs trägt, Italien, Russland, „Spanien und die Schweiz ebenfalls erhebliche Summen „beziehen; in Erwägung, dass die Consumenten durch dieses „lukrative Steuerobject fast gar nicht oder wenigstens in „verschwindend geringem Maasse getroffen werden, daher „dasselbe am besten geeignet erscheint, den Ausfall, der „durch die Aufhebung des Lottos entstünde, zu decken, wird „die k. k. Regierung aufgefordert, das Lotto aufzuheben und „die Frage dieses Ersatzes zu erwägen, eventuell dahin zu „wirken, dass die jährlichen 286 Ziehungen successive „herabgesetzt werden".

---

[1]) St. Pr., S. 3474 ff.
[2]) St. Pr., S. 9766 ff.

In der Sitzung vom 5. Mai 1894 [1]) beantragt Dr. Roser, für die nächste Session die Vorlage eines Gesetzentwurfes zu verlangen, der das Lotto allmählig aufhebe und zwar so, dass mit dem Zeitpunkte der vollständigen Durchführung der Reform der direkten Steuern die Zahlenlotterie ganz aufzuhören habe. Der Antrag geht an den Budgetausschuss. In derselben Sitzung befürwortet der Abg. Dr. Bendel die Ersetzung des Lottos durch eine Klassenlotterie nach deutschem Muster.

Im Jahre 1895 gibt im Laufe der Verhandlungen des Budgetausschusses [2]) der Finanzminister Dr. von Bilinski die Erklärung ab, auch er sei der Ueberzeugung, dass das Zahlenlotto eine wenig empfehlenswerte Staatseinnahme vorstelle, und dass es Pflicht eines jeden Staates sei, diese nur aus der historischen Entwicklung der Staatseinnahmen zu erklärende Einnahmequelle aus der Welt zu schaffen. Manche europäische Staaten seien daher bereits vor Jahren mit der Aufhebung des Lottos vorgegangen. Oesterreich werde denselben Weg betreten. Das successive Herabdrücken des Lottos durch allmälige Einziehung von Collecturen sei der richtige Weg zur gänzlichen Aufhebung des Lottos. Die spätere Ersetzung des Lottos durch eine Klassenlotterie sei nach den Erfahrungen, die in Deutschland gemacht wurden, nicht zu empfehlen. Die Klassenlotterie wende sich wegen des hohen Betrages der Lose naturgemäss zunächst an das wohlhabende Publicum, schliesse jedoch auch die Betheiligung der ärmeren Klassen nicht aus, da trotz des Verbotes die Loose bis auf ganz minimale Partialen getheilt zu werden pflegen.

Diese Erklärung nimmt der Budgetausschuss mit Befriedigung zur Kenntnis und beschliesst folgende Resolution:

„Die k. k. Regierung wird aufgefordert, nach der „Durchführung der Reform der directen Steuern einen „Gesetzentwurf wegen Aufhebung des Lottos einzubringen".

---

[1]) St. Pr., S. 13794.
[2]) Vgl. Nr. 1025 der Beilagen zu den St. Pr. des Abg.-Hauses.

In demselben Jahre regt in der Sitzung vom 15. Juli 1895 [1]) der Abg. Schlesinger die Einführung einer Klassenlotterie an Stelle des Lottos an, während der Abg. Purghart auf das alte Project der Lottosparkassen zurückkommt. Dr. Roser stellt den üblichen Antrag auf Aufhebung des Lottos, der an den Budgetausschuss zur Berichterstattung verwiesen wird. In der hierüber stattfindenden Berathung [2]) unterstützt Abg. Dr. Haase den Antrag, während Abg. Dr. Menger die Ersetzung des Lottos durch eine Klassenlotterie empfiehlt. Der Finanzminister Dr. v. Bilinski versichert, dass, wenn erst das finanzielle Programm der Regierung acceptirt sein werde, dann auch die Aufhebung des Lottos in Erwägung gezogen würde. In ähnlicher Weise spricht sich der Minister auch vor dem Plenum des Abgeordnetenhauses [3]) in seinem Finanzexposé aus und stellt die Aufhebung des Lottos in sichere Aussicht — „vorausgesetzt, dass Ersatzmittel dafür vorhanden sind".

In der Sitzung vom 9. März 1896 [4]) begreift Dr. Roser nicht, wie bei einem Budget von 622 Millionen Gulden der Ausfall der Lottoeinnahmen im Betrage von 7 Millionen Gulden irgendwie ins Gewicht fallen könnte. — Uebliche Resolution des Budgetausschusses.

In der Sitzung vom 9. Januar 1897 [5]) endlich regt Dr. Roser abermals die Aufhebung des Lottos an und wird hiebei vom Abg. Monsignore Dr. Scheicher unterstützt. In diesem Jahre hat der Budgetausschuss keinen Antrag zur Fassung einer Resolution eingebracht.

*

Es ist kein erfreuliches Bild, welches die parlamentarische Geschichte des Lottos entrollt. Wohl selten noch ist eine In-

---
[1]) St. Pr., S. 20612 ff.
[2]) Vergl. Nr. 1280 der Beilagen zu den St. Pr. des Abg.-Hauses.
[3]) In der Sitzung vom 24. October 1895, St. Pr., S. 20144 ff.
[4]) St. Pr., S. 23259 f.
[5]) St. Pr., S. 28702 ff.

stitution so heftig angegriffen worden, und war die öffentliche Meinung über ihre Verwerflichkeit eine so allgemeine und feststehende. Der Abgeordnete Dr. Roser, der fast ein Menschenalter hindurch sich der Sache widmet und die Bekämpfung des Lottos sich zur Lebensaufgabe gemacht hat, er hat — von den winzigen Concessionen abgesehen, die die Regierung gemacht — seine Kraft bisher umsonst aufgewendet. Ja, im Gegentheil, er hat durch seine Agitation gegen das Lotto die Spielleidenschaft der Bevölkerung noch eher geschürt. Das ist aus der Psychologie dieses Spieles zu erklären. Alljährlich sind seine Lottoreden das grosse Ereignis der sonst nicht gerade abwechslungsreichen Budgetdebatten. Wenn er zum Kapitel Lotto das Wort ergreift, so ist das für die gelangweilten Parlamentarier immer ein Fest, und sie schaaren sich dann in dichten Massen um sein Rednerpult. Die Reden Roser's, die, um das Interesse für den Gegenstand hervorzurufen, oft mit Witzworten und delicaten Anspielungen gewürzt sind, werden im Abgeordnetenhaus seit langem von niemandem mehr recht ernst genommen; aber wie die Kinder den Kuchen wegen der Rosinen nicht verschmähen, so lassen die österreichischen Parlamentarier die ganze, oft heftige Rede über sich ergehen, der paar Witze und Anspielungen wegen, die ja immer darin sind und die dann jedesmal eine unbändige Heiterkeit entfesseln. Roser hat, gewiss gegen seine Absicht, das Lotto, wenn es irgend möglich war, noch populärer gemacht, und es liesse sich gewiss nachweisen, wie eine jede Lottorede dieses Abgeordneten unmittelbar einen stärkeren Zuspruch zum Lotto an den der Rede folgenden Tagen hervorruft. Leute, die sonst nie an das Lotto denken, werden, wenn sie die Roser'sche Rede am folgenden Tage in den Blättern lesen, an dieses Spiel wieder erinnert und beginnen zu „setzen", wenn auch anfangs „nur zum Spass", und Spieler, die vielleicht mitten in einem Progressionsspiel drinnen sind, beeilen sich, noch vor der Aufhebung des

Lottos, die durch die letzte Rede Dr. Roser's wieder einmal in eine so greifbare Nähe gerückt erscheint, ihr Spiel zu forciren, um noch vor Thorschluss ihre durch Monate, oft Jahre hindurch fortgesetzten Kombinationen von einem Gewinn im Lotto endlich gekrönt zu sehen.

V.

Zahlenlotto oder Klassenlotterie?

Bei dem Umstande, dass seit einigen Jahren die Stimmung einer Aufhebung des Lottos in Oesterreich immer günstiger geworden und erst in allerjüngster Zeit [1]) das ungarische Lotto durch eine Klassenlotterie nach preussischem Muster ersetzt wurde, ist es wohl am Platze, auch auf das deutsche, speciell das preussische Lotteriewesen, das in Oesterreich jetzt Nachahmung finden könnte, einen vergleichenden Blick zu werfen.

Aehnlich wie Oesterreich hat auch Preussen infolge seiner grossen finanziellen Entkräftung — nach dem siebenjährigen Krieg — zum Lotto gegriffen, das ein abenteuerlicher Italiener namens Calzabigi, der zu diesem Zweck vom König aus London verschrieben worden war, im Jahre 1763 in Preussen einführte [2]). Nach Ablauf des ersten Jahres, während welches es für königliche Rechnung administrirt wurde, ward es, nach österreichischem Vorbild, an Private in Pacht gegeben, erst an Calzabigi selbst, dann an eine Pachtsocietät und unter immer steigenden Pachtsummen (im Jahre 178 5bereits 75 000 Thaler!), bis es unter Friedrich Wilhelm II. im Jahre 1794 von der Verwaltung in eigene

[1]) Mit 1. October 1897.
[2]) Vergl. Otto Warschauer: „Die Zahlenlotterie in Preussen", 1885.

Regie genommen ward. Nach einer rasch vorübergehenden Stockung begann nach der Verstaatlichung ein ganz überraschender Aufschwung der Lottounternehmung; der Reingewinn stieg im Fiscaljahr 1795/96 auf 219 413, 1796/97 auf 467 040 Thaler, also auf mehr als das Sechsfache der von der Societät vorher bezahlten Pachtsumme. Die Nachfolger Friedrichs des Grossen, Friedrich Wilhelm II. und Friedrich Wilhelm III., die offene Feinde des Lottos waren, mussten machtlos dem Anwachsen des Spieles zusehen, das aus ähnlichen finanziellen Gründen wie in Oesterreich zur Deckung der grossen Staatsbedürfnisse nicht entbehrt werden konnte. Erst die napoleonischen Kriege brachten für Preussen die entscheidende Wendung: nachdem das preussische Lotto seit der Occupation von 1806 bis 1808 von den Franzosen in Grund und Boden administrirt worden, war es zum Untergange endlich reif geworden und konnte im Jahre 1810 mittels Lotterie-Edict vom 20. Mai endgiltig aufgehoben werden. Seither ist Preussen wieder zur alten Klassenlotterie übergegangen, die, älter als das Lotto und vermuthlich aus Holland eingeschleppt, seit langem in Preussen wie überhaupt in Deutschland festen Boden gefasst hatte.

Was hatte nun die preussische Regierung veranlasst, das verhältnismässig noch junge Unternehmen des Lottos aufzugeben? In dem die Aufhebung aussprechenden Lotterie-Edict vom 28. Mai 1810 heisst es:

„. . . . . Bei den nachtheiligen Wirkungen des Zahlenlottos „auf die Moralität der minder begüterten Klassen Unsrer Unter„thanen, weil es bei den so sehr geringen Einsätzen, und indem „es die Veranlassung zu Traumdeuterei und anderem Aberglauben „giebt, auf eine verderbliche Art zum Spiele reizt, hatten Wir „schon früher dessen Aufhebung in Unsren Staaten beschlossen, die „eingetretenen Kriegsunruhen haben die Ausführung Unserer Lan„desväterlichen Absicht verzögert".

„Wir haben nun beschlossen, durch eine veränderte Form „den wesentlichen Nachtheilen der bisherigen Lotterieverfassung zu „begegnen, ohne den Vortheilen ganz zu entsagen, und zu dem

„Ende die nachtheilige Theilnahme der ärmeren Volksklassen an
„dem Lotteriespiel zu entfernen, und die bisherigen Revenuen des
„Staates aber dabei auf eine minder schädliche Art zu decken..".

Praktisch hat, und das muss hier betont werden, der sich rasch vollziehende Niedergang der Lottounternehmung infolge der französischen Administrirung im Jahre 1810 endlich zu ihrer Aufhebung geführt; ideell haben sie allerdings die in dem Edicte angeführten Motive herbeigeführt, die schon des grossen Königs Nachfolger, Friedrich Wilhelm II., erkannt und betont hatte. Nur hatte diese Einsicht damals nicht genügt, um dem Lotto ernsthaft auf den Leib zu rücken: erst die inneren an Haupt und Gliedern vorgenommenen Reformen, welche die preussische Monarchie zu neuem Leben erweckten, haben dem Zahlenlotto in Preussen den Tod gebracht.

Im folgenden wollen wir auf das System der preussischen Klassenlotterie [1]) etwas näher eingehen, schon aus dem Grunde, weil sie sich mit der Zeit zu der einzigen, einigermassen erträglichen Form staatlicher Lotterien entwickelt hat, dann aber auch, weil Oesterreich allem Anscheine nach an dem Punkte angelangt ist, wo es mit seiner veralteten Lottoverfassung brechen muss und das naheliegende und in Oesterreich viel beneidete preussische Vorbild einer Klassenlotterie nachahmen dürfte [2]).

Bevor wir die beiden Lotterien, die preussische Klassenlotterie und das österreichische Lotto, in Hinsicht auf ihre volkswirtschaftliche und fiskalische Bedeutung miteinander vergleichen, wollen

---

[1]) Auf die übrigen deutschen Klassenlotterien, wie die Kgl. Sächsische Landeslotterie (5klassig), die Grossherzogl. Mecklenburg-Schwerin'sche Landes-Lotterie (6klassig), die Herzogl. Braunschweig-Lüneburgische Landes-Lotterie (6klassig), die Hamburger Stadtlotterie (7klassig) und die Thüring. Anhaltische Staatslotterie (5klassig) hier einzugehen, ist wegen der in den Grundzügen gleichartigen Organisation aller deutschen Klassenlotterien überflüssig.

[2]) Die preussische Klassenlotterie ist eingehend behandelt von F. Marcinowski: „Das Lotteriewesen im Königreich Preussen". Berlin 1892.

wir auf die technische Einrichtung der preussischen Klassenlotterie einen Blick werfen. Was die Klassenlotterie in lotterietechnischer Beziehung vom Zahlenlotto auf den ersten Blick hin unterscheidet, ist die eigenthümliche Einrichtung der ersteren, wonach die Ziehung nicht wie beim Lotto auf einmal und an einem Tage, sondern in mehreren zeitlich getrennten Abtheilungen, den sogenannten „Klassen" vorgenommen wird. Es wird bei den Klassenlotterien, von denen in Preussen zwei im Jahr veranstaltet werden, im Gegensatz zum Lotto eine vorher bestimmte und beschränkte Anzahl von Loosen ausgegeben. Dem durch den Kaufpreis der Gesammtheit der Loose dargestellten Geldwert entspricht genau der Wert aller planmässig zu ziehenden Treffer, die nach einem weiter unten berücksichtigten Gesichtspunkt auf die einzelnen Klassen vertheilt sind. Ausserdem wird zu jedem Gewinnst in einer der ersten drei Klassen ein Freiloos gratis abgegeben, das in der folgenden Klasse unentgeltlich mitspielt. Von allen Gewinnsten werden 15 $^4/_5$ Procent für die General-Lotterie-Kasse in Abzug gebracht, die den Gewinn des Staates an der Klassenlotterie darstellen. Durch die Erwerbung eines Volllooses erhält der Spieler das Recht, in allen vier Klassen mitzuspielen; ausserdem werden auch sogenannte Klassenloose verkauft, welche nur in derjenigen Klasse mitspielen, für welche sie ausgegeben werden, eine Loosgattung, die sich einer besonderen Bevorzugung seitens der Spieler erfreut.

Um an einem praktischen Beispiel das Wesen der Klassenlotterie zu zeigen, wollen wir annehmen, ein Spieler hätte um den Preis von 44 Mk. ein Klassenloos der 192. preussischen Klassenlotterie erworben, das in der ersten Klasse mitspielt. Zur Ziehung der ersten Klasse, die zwei Tage dauert und am 8. Januar beginnt, werden von den königlichen Kommissarien sämmtliche 225 620 Loosnummern in ein Glücksrad geschüttet, und in ein gegenüberstehendes zweites Glücksrad die 9500 Zettel, auf denen die 9500 Gewinnste dieser Klasse — zwischen 60 Mk. als niedrigstem und 30 000 Mk. als höchstem — vermerkt sind. Die

Vornahme der Ziehung erfolgt öffentlich und durch Waisenknaben; sie ziehen je einen Zettel aus dem Nummern-, beziehungsweise Gewinnstrad, die von den Protokollführern Zug um Zug, wie sie sie von den Knaben zugereicht bekommen, ausgerufen und notirt werden. Dabei werden so viele Nummern gezogen, als planmässige Gewinnste vorgesehen sind, in dieser Klasse also 9500. Würde sein Loos in dieser Klasse gezogen, so erhielte der Spieler den darauf entfallenden Gewinnst nebst dem Freiloos für die nächste Klasse ausgefolgt; andernfalls wäre sein Loos ungültig geworden. Weil aber in der nun folgenden zweiten Klasse die Gewinnstchancen günstiger sind — es sind zahlreichere und grössere Gewinnste (11 870 Treffer zwischen 110 Mk. und 45 000 Mk.) zu machen, wobei noch die Loosnummern, die in der vorigen Klasse gewonnen haben, nunmehr ausgeschieden sind, beschliesst der Spieler, der in den ersten Klasse nichts gewonnen, sein Loos auch in der zweiten Klasse mitspielen zu lassen, und macht von dem ihm von der Lotteriedirection gewährleisteten Rechte Gebrauch, indem er spätestens vier Tage vor dem Beginn der Ziehung der zweiten Klasse sein altes Klassenloos vorzeigt, das ihm gegen Bezahlung von abermals 44 Mk. gegen ein neues dieselbe Nummer tragendes Klassenloos eingetauscht wird, das in der zweiten Klasse mitspielt. Die Ziehung, die unter den gleichen Formalitäten wie in der ersten Klasse stattfindet, beginnt am 11. Februar und nimmt drei Tage in Anspruch. Falls auch diesmal das Loos nicht gezogen würde, wird das Klassenloos wiederum wertlos, sofern der Spieler es nicht vorzieht, das Loos abermals gegen den Erlag von 44 Mk. zu erneuern und in der folgenden dritten Klasse weiterspielen zu lassen. Er wird dies in den meisten Fällen thun, einmal, um die bereits geopferten 88 Mk. womöglich noch zu retten, dann aber auch, weil er mit dem Vorrücken in die dritte Klasse abermals günstigere Chancen vorfindet; denn abgesehen von weiteren 11 870 ausgeschiedenen, weil in der vorigen Klasse gezogenen Loosnummern, gibt es jetzt 14 250 Treffer zwischen 160 Mk. und 60 000 Mk. Er überlegt darum nicht lange und erneuert sein Klassenloos. Wenn er in dieser Ziehung, die am 18. März beginnt und drei Tage dauert, abermals leer ausgeht, wird er es consequenter Weise gegen den Erlag von 44 Mk. wohl wieder erneuern und damit in die vierte und letzte Klasse vorrücken, die die meisten und höchsten Treffer enthält — 77 190 Gewinnste zwischen 200 Mk. und 500 000 Mk. —, so dass ihre Ziehung 17 Tage, vom 20. April bis 6. Mai, in Anspruch nimmt. Die am Schlusse dieser letzten Klasse im Nummernrade zurückbleibenden Nummern sind endgiltig Nieten; da auf 225 620 Loose 112 810 Treffer gefallen sind, hat durchschnittlich jedes zweite Loos gewonnen.

Wenn man die beiden Principien, dasjenige der deutschen Klassenlotterie und das des österreichischen Lottos gegeneinander abwägt, dann muss man unbedingt dem deutschen den Vorzug geben. Birgt auch das deutsche System der Klassenlotterie eine Reihe von Uebelständen in sich, so muss man doch die deutsche Klassenlotterie für das geringere Uebel erklären.

Zahlreich sind die Vorzüge, welche die deutschen Klassenlotterien vor dem österreichischen Lotto voraushaben. Um bei den fiscalischen zu beginnen, so ist, wie schon oben angedeutet, bei der festgesetzten Loosanzahl und den schon im Spielplan bestimmten Gewinnsten der Reinertrag [1]) keinen Schwankungen unterworfen wie beim österreichischen Lotto, wo wegen der unbestimmten Anzahl der ausgegebenen Loose und der vom Zufall abhängigen Gewinnstquote der Ertrag nie vorauszusehen ist und Ueberraschungen mannigfacher Art an der Tagesordnung sind. Das vom fiscalischen Gesichtspunkt aus. Um zu den anderen Unterschieden überzugehen, so geben die deutschen Klassenlotterien, deren Ziehungen je nach der Anzahl ihrer Klassen 4—7 mal im Jahre stattfinden, eine viel geringere Gelegenheit zur Theilnahme am Spiel als das Lotto, das mehr als 200 mal im Jahre gezogen wird. Ein

---

[1]) Er betrug bei der preussischen Klassenlotterie in den letzten Jahren 9,8 Mill. Mark.

weiterer Vorzug der Klassenlotterien vor dem Lotto sind die verhältnismässig hohen Preise der Klassenlotterieloose (bei den deutschen Lotterien zwischen 132 und 220 Mk. für ein ganzes Loos), welche die unbemittelten Schichten fast ganz von der Betheiligung am Spiel ausschliessen, während das Lotto mit seinen äusserst niedrigen Einsätzen (von 5 Kreuzern an) diese Schichten am Spielen nicht nur nicht hindert, sondern geradezu anlockt und festhält. Allerdings werden in den deutschen Klassenlotterien auch Partialen von $1/2$, $1/4$, $1/5$, $1/8$ und $1/10$ des Vollloses abgegeben; sie sind aber noch immer mit den niedrigsten Lottoeinsätzen verglichen sehr hoch und für denjenigen Theil der Bevölkerung, der in erster Linie gegen die Verführungen des Spiels geschützt werden soll, unerschwinglich.

Der Hauptunterschied und der bedeutendste Vorzug der Klassenlotterie vor dem Lotto besteht jedoch darin, dass die ersteren, wie es schon im Lotterie-Edict von 1810 heisst, „die Veranlassung zu Traumdeuterei und anderem Aberglauben entfernen". Die Klassenlotterien stehen sozusagen auf einer höheren culturellen Stufe als das Lotto, welches durch den Umstand, dass der Spieler unter den neunzig Zahlen selbstständig wählen kann, eine Vorliebe für Zahlenmysticismus und die gröbste Art von Aberglauben fast mit Nothwendigkeit erzeugt.

In Ungarn hat sich der Uebergang vom Zahlenlotto zur Klassenlotterie bereits vollzogen, und zwar um so leichter, als dort dieses Spiel eigentlich niemals festen Boden gefasst hatte — die Einnahmen aus dem Lotto bewegten sich in den letzten Jahren zwischen 1,2 und 1,4 Millionen Gulden —, so dass man wohl behaupten darf, Ungarn habe unbedenklich sein Lotto preisgeben können, das ja doch niemals prosperirte, um durch Einführung der Klassenlotterie sein staatliches Lotteriewesen, in erster Linie zunächst fiscalisch, aufzubessern. An einem ähnlichen Wendepunkt scheint jetzt auch Oesterreich zu stehen; seine Lottoerträgnisse sind seit längerer Zeit schon bedenklich im Sinken begriffen, so dass auch hier der Gedanke an einen Systemwechsel auf dem Gebiete staatlicher Lotterien sich unwillkürlich und immer gebieterischer aufdrängt. Auch in Oesterreich, wenn es zur Klasenlotterie übergehen sollte, werden es gewiss in erster Linie nur fiscalische, keineswegs rein socialethische Motive sein, die es dabei leiten werden, aber — im obigen ist es ja gezeigt worden — es wird damit zweifellos ein Fortschritt gemacht werden. Der einzig richtige Vorgang wäre allerdings, das Lotto aufzuheben, ohne an ein Surrogat, auch in der erträglichsten Form der Klassenlotterie, zu denken — aber das dürfte wohl auf längere Zeit hinaus ein frommer Wunsch bleiben. Im Augenblick könnte der Uebergang Oesterreichs zur Klassenlotterie nur sympathisch begrüsst werden, denn dadurch würde eine überaus verwahrloste Seite österreichischer Finanzpolitik endlich verschwinden, und Oesterreich würde, auch was sein Lotteriewesen anlangt, auf ein mehr westeuropäisches Niveau gehoben erscheinen.

Anhang.

I. Lotterie-Privilegium.
(Patent vom 13. November 1751).

Wir Maria Theresia etc...... Entbieten allen und jeden Unsern treugehorsamsten Unterthanen und Inwohnern, was Würden, Stands oder Wesens, die in Unsern gesammten deutschen Erbländern befindlich sind, Unsere kaiserliche königliche Gnade und alles Gute, und geben denselben gnädigst zu vernehmen, was gestalten schon zu verschiedenen Malen der Antrag geschehen, womit in Unsern kais. königl. Erbländern eine wohl regulirte Lotterie, gleich es in anderen Königreichen und Staaten üblich ist, eingeführet werden möge.

Dahero sind Wir hierzu um so mehrers bewogen worden, als Uns glaubwürdig beigebracht worden ist, dass viele in Unseren Erbländern befindliche Insassen, und besonders die Fremde hierzu eine Neigung und Verlangen tragen, auch wirklich auf auswärtigen Lotterien spielen, von welchen Lotterien nicht allein hier in Wien, sondern auch in vielen andern Hauptstädten und Oertern, die Collectores und Commissarien aufgestellet sind.

Weil nun unter den verschiedenen Arten der Lotterien diejenige viel Beyfall findet, welche in Italien unter dem Namen Lotto di Genova bekannt, und nicht allein in Unsern und Unsers herzgeliebtesten Herrn Gemahl des römischen Kaisers Majestät und Liebden Erbländern, sondern auch von vielen Jahren her, in dem päpstlichen Gebiete, und fast in allen Ländern und Städten eingeführet ist, massen dieser Lotto die Genova, den leichtesten Begriff und geschwindesten Ausgang hat, auch dergestallt beschaffen ist, dass jedermann den Preiss des Spiels, auch in der mindesten Gattung des Geldes von selbst erwählen, mithin in vollkommener Freyheit, nach seinem Vermögen, Stande und Neigung etwas aussetzen und dem Glücke unterwerfen kann.

Dahero haben Wir nach reifer Ueberlegung und eingeholtem Rathe, auch über einem umständlich abgestatteten Vortrag, den gnädigsten Entschluss gefasst, dass vorzüglich dieser Lotto di Genova, auf eben diejenige Art und Weise, wie solcher in obgemeldeten, italiänischen Staaten regulirt ist, auch in Unsern kaiserl. königl. deutschen Erbländern eingeführet, und gehalten werden möge.

Damit also dieser Lotto Ordnungs- und regelmässig zu Stande komme, haben Wir, eben demjenigen, welcher vor Jahren solchen Lotto in dem Grossherzogthum Toscana, mit allseitiger Zufriedenheit aufgerichtet, nämlich Unserm getreuen lieben Octavio Edlen von Cataldi, auf sein alluntherthänigstes Anerbieten, ein förmliches Privilegium unter Unsrer höchsten Signatur, noch sub Dato 18. August innstehenden Jahres, mit nachfolgenden, von Uns gnädigst gemachten Anordnungen und eingestandenen Bedingnissen ausfertigen lassen, welche hiemit zur allseitigen Wissenschaft, und respective Beobachtung durch gegenwärtiges gedrucktes Patent kund gemacht werden.

Erstens: Haben Wir obgedachtem Octavio Edlen von Cataldi, ein Privilegium privatum auf zehn Jahre, anfangend vom ersten April des eintretenden 1752sten Jahres, bis letzten März 1762 in Gnaden ertheilet, inner welcher Zeit selber den sogenannten Lotto di Genova, auf Art und Weise wie solcher zu Rom, Florenz, Mayland, Mantua etc. regulirt ist, auch in allen Unsern böhmischen und österreichischen Erbländern, auf eigene Gefahr und Kosten, mithin auf Gewinn und Verlust, aufrichten und halten möge, unter der gnädigen Zusage und Versicherung, dass während diesen 10 Jahren in gedachten Unsren deutschen Erbländern keine andere Lotterie oder Glückshäfen, unter was Vorwande es immer seyn möge, eingeführet oder gehalten, mithin auch jene in Unsrem Markgrafthum Mähren aufgehoben werden solle: mit der alleinigen Ausnahme, dass die Silberglückshäfen, welche mit Unsrer unmittelbaren, allerhöchsten Bewilligung in den grösseren Städten gedachter Länder gehalten werden, noch ferners continuiret werden mögen.

Zweytens: Soll auch keinem von Unsern kaiserl. königl. Unterthanen und Inwohnern gemeldeter Länder, für das Künftige mehr erlaubt seyn, auf auswärtigen Lotterien zu spielen, oder sich dahin directe oder indirecte zu interessiren, noch weniger aber gestattet werden, dass jemand für auswärtige Lotterien einiges Geld colligire oder eine Correspondenz dahin führe, weder darum einige Plane oder Loose habe.

Sofern jemand wider diesen und den vorigen Artikel zu handeln betreten, soll ein solcher in eine empfindliche Geldstrafe, nach Maass seines Standes, auch des hohen und niederen Spiels, nach richterlicher Erkenntnis condemniret werden, in welcher Geldstrafe ein Drittel dem Denuncianten, ein Drittel Unserm Aerario, und ein Drittel der Lotteriekammer zufallen wird.

Drittens: Soll es in freyer Willkühr des obgedachten Impressario stehen, diese Lotterie nicht allein hier in Wien, sondern auch zugleich in allen andern Oertern und Städten, Unsrer deutschen Erbländer aufzurichten, auch durch diese 10 Jahre, sowohl für seine, als auswärtige fremde Ziehungen, die Einlage einzunehmen, und jährlich so viele Ziehungen, als er kann und will, zu veranstalten.

Zu welchem Ende der Lotteriekammer erlaubt seyn wird, an

allen Orten Officianten, Collectores und Correspondenten, so ihm Impressario nach selbst eigenem Belieben anzunehmen und zu erwählen frey stehet, aufzustellen und zu halten, wie auch diese privilegirte Lotterie jemand andern ganz oder stückweise zu cediren, und zu überlassen.

Viertens: Haben Wir verwilliget, dass der Impressario, wie auch alle seine subalterne Officianten jener Vorzüge und Freyheiten sich zu erfreuen haben sollen, welche andere Pächter Unsrer kaiserl. königl. Gefälle und ihre Beamten geniessen.

Fünftens: Soll in diesem privilegirten Werke, und was dahin einschlägt, kein anderes Gericht, als der jedes Orts aufgestellte Consessus in causis Principis & Commissorum, einige Ingerenz oder Iudicatur haben, welcher Consessus verbunden ist, alle vorfallende Anstände und Strittigkeiten, welche zwischen dem Impressario, den Afterpächtern oder Officianten, wie auch zwischen den sich in die Lotterie einlassenden Partheyen in specie wider die Uebertreter des ersten und anderten Artikels ergeben können, summarissime zu entscheiden, besonders aber wider diejenige criminaliter zu verfahren, welche die Loose abzuändern, oder zu verfälschen, und hierdurch einen unrechtmässigen Gewinn zu machen oder zu suchen, sich vermessen würden, massen solche und alle ihre Mithelfer nicht anderst, als Diebe und Falsarii angesehen, auch nach Mass des Betruges, und der obwaltenden Umstände am Leibe gestrafet werden sollen.

Sechstens: Damit die Lotteriekammer für die auszustellen kommenden Losszettels und Ziehungslisten, oder andere sowohl vor als nach der Ziehung vorkommende nöthige Publicationes, um so mehrers sicher gestellet werde, haben Wir derselben die Befugnis eingeraumet, in Lotteriesachen eine eigene Druckerey zu Wien oder in andern Oertern, wo selbe ihre Ziehungen anzustellen gedenket, zu halten, jedoch, dass in solcher Druckerey bey Strafe 6 Thaler von jedem Bogen, nichts anderes, als was die Lotterie betrifft, gedrucket werden solle.

Siebentens: Haben Wir dem Impressario versprochen, diese aufrichtende Lotterie in Unsern höchsten Schutz und Protection zu nehmen, und wider alle Beeinträchtigung oder unbillige Zumuthungen, wie andre Unsre kaiserl. königl. Kameralgefälle durch Unsre landesfürstliche Hofkammer-Procuratores und Fiscalen handzuhaben, und vertheidigen zu lassen.

Gleichwie denn auch den Lotteriehauptbüchern (wenn solche in gehöriger, guter Ordnung geführet werden) jener rechtliche Glauben beygeleget werden soll, welcher andern Haupt- und Handbüchern Unsrer landesfürstlichen Aemter gebühret; zu welchem Ende Wir Uns vorbehalten, solche Bücher auf jedesmaliges Gutbefinden durchsehen, und untersuchen zu lassen.

Achtens: Muss diese Lotterie auf die nämliche Weise eingerichtet und gehalten werden, wie solche zu Rom, Florenz, Mayland und Mantua eingeführet, und approbirt ist, und zwar vollständig nach dem zu Ende dieses Patents beygefügten Entwurfe, welcher ohne Unsern höchsten Specialconseus nicht im mindesten überschritten noch abgeändert werden mag.

Damit aber das Publikum um so mehrers in Sicherheit, und ausser allem Vorbedachte einer ungleichen Manipulation gesetzet werde, als haben Wir uns gnädigst vorbehalten, an jedem Orte, allwo eine Lotterie aufgerichtet werden wird, einen besonderen Officianten unter dem Titel eines Lottosecretarii zu benennen, welchem nach abgelegter Pflicht bey Unsrer jedes Orts aufgestellten kaiserl. königl. Repräsentation und Kammer, ein Schlüssel des mit doppeltem Schlosse versperrten Lotteriearchiv (worin alle Originalziehungslisten der Collectoren nnd alle bei einer jeden Ziehung bezahlte Gewinnzettel aufgehalten werden müssen) zuzustellen seyn, und auf die vorgeschriebene Manipulation Obacht zu tragen, ansonst aber der Lotteriekammer in deroselben Angelegenheiten seine Dienste zu leisten obliegen wird:

Desgleichen wird auch Unsre kaiserl. königl. Repräsentation und Kammer, bey jedesmaliger Lotterieziehung, vier besondere Kommissarien bestellen, damit selbe auf alles, was vorgehet, die genaue Vorsicht tragen sollen, die Lotteriekammer aber ist schuldig, gesagtem Unsern kaiserl. königl. Lotteriesecretario u. zwar allhier in Wien jährlich 300 fl., in den andern Oertern aber jährlich 150 fl., denn den vier Kommissarien bey jedesmaliger Ziehung, zusammen zwölf Dukaten im Golde als ein Honorarium abzuführen.

Nicht weniger den nach Gutbefinden der Lotteriekammern in den Listen aufgezeichneten ehrbaren armen Mägdlein, unter deren Namen die fünf Lose gezogen werden, jeder derselben 30 fl., zusammen also 150 fl. abzureichen.

Neuntens: Wird obgedachter Impressario Octavio Edler von Cataldi zur Sicherheit der ausfallenden Gewinne, in die allhiesige Stadtbanco-Hauptkasse, drey hundert tausend Gulden erlegen, woran das erste Ratum mit 50000 Gulden wirksam abgeführet ist.

Welchemnach also der allhiesige wienerische Stadtbanco nach Mass des eingelegten Cautionsquanti pr. 300000 fl. das Versprechen und die Garantie auf sich nimmt (sofern die Lotteriekammer in der bestimmten Zeit nicht zuhalten sollte) die ausfallenden Gewinne, und zu was der Impressario sonst verbunden ist, aus der Stadtbanco-Hauptkasse, ohne mindesten Aufenthalt baar zu bezahlen, in welchem Falle aber, bis das Cautionsquantum auf die 300000 Gulden wiederum ergänzet seyn wird, die Lotterie und alle weitere Ziehungen sogleich eingestellet werden sollen.

Wir gebieten demnach allen und jeden, besonders aber Unseren kaiserl. königl. in den Ländern aufgestellten Repräsentationen und Kammern, dasselbe mehrbenannten Unsern Impressario der privilegirten Lotterie bey den ihm gnädigst verliehenen Freyheitsartikeln, kräftigst handhaben und schützen, anbei aber auch nicht zulassen sollen, dass von ihm oder seinen Officianten darwider gehandelt, oder was anders, als ihm ausdrücklich eingestanden worden, unternommen werde. Denn hieran wird vollzogen Unser gnädigster Willen und Meynung. Gegeben in Unsrer kaiserl. königl. Haupt- und Residenzstadt Wien den 13. November 1751.

II. Lotterie - Patent

vom 21. October 1787.

Wir, Joseph der Zweyte etc. etc. . . . . Nachdem das von Andre Baratta und seiner Gesellschaft im Jahre 1777 auf das Lotto die Genova ertheilte, auf alle deutsch- und hungarische Erbländer, mit Ausschluss der österreichischen Vorlande, wie auch auf Galizien sich erstreckende Privilegium mit dem October dieses laufenden Jahres zu Ende geht, wird beschlossen, dieses Lotto auf Rechnung des Aerariums durch eine in Wien dazu bestellte Kameraldirekzion fortsetzen zu lassen.

§ 1.

Im Allgemeinen verbleibt alles ohne Abänderung bei dem durch das Patent vom 30. December 1777 bestimmten Plane dieses Lottospieles, auch bei den dazu bestellten Lottokammern, und den in den Provinzen und Städten bestimmten Ziehungen, nur mit dem Unterschiede: dass die Originalspielbillete, welche die Spieler statt der für die Einlage von den Einnehmen ausgestellten Vor- oder sogenannten Interimsscheine erhalten, von der bestellten k. k. Lottodirekzion gefertiget sein werden.

§ 2.

Ferners bleibt auch das Verbot aller anderen Lotterien und Glückshäfen in seiner vormaligen und vollen Kraft. Insbesondere aber wird untersagt: das Ausspielen nach den 90 Nummern des Lotto, oder auf die in den Ziehungen desselben selbst herauskommenden Zahlen, das Setzen in ausländische Lotterien, worunter alle diejenigen mit begriffen werden, welche in anderen als in deutschen, hungarischen und galizischen Erbländern gespielt werden, die Sammlung für alle andern Lotterien; Einlagen, sowie die Austheilung der Lose derselben und zwar unter der Strafe von 50 Dukaten für jedes Los, welche sowohl der Absetzer, als Käufer zu entrichten, verhalten, und wovon dem Anzeiger jedesmal ein Drittel zu Theil werden soll.

§ 3.

Die Verfälschung oder Veränderung der Originallose wird mit der in dem allgemeinen Strafgesetze auf Diebstähle und Trug verhängten Strafe belegt werden.

§ 4.

Die Rechtsstreitigkeiten, in welche der Spieler mit den Lottokammern wegen eines Loses verfallen dürften, sind bei den Landrechten gegen die Kammerprokuratores anzubringen.

§ 5.

Es ist aber in solchen, und jeden anderen Fällen den Hauptbüchern der Lottokammer der nämliche Glauben, wie allen Haupt- und Handbüchern anderer landesfürstlichen Aemter zuzugestehen.

§ 6.

Uebrigens wird, statt dass bisher die Wiener Stadtbank für die Pachtgesellschaft in Ansehen der richtigen Gewinnstbezahlung Bürgschaft geleistet hat, künftig für alle Gewinnste das landesfürstliche Aerarium selbst die Gewähr leisten.

Gegeben etc. . . . . Wien, den 21. October 1787.

III. Lotto-Patent

vom 13. März 1813.

Wir Franz der Erste, etc.

Die Erfahrung, dass der bisherige weitläufige Geschäftszug bei dem Lotto-Gefälle sehr oft die Ursache geworden ist, das spielende Publicum nicht immer mit ordentlichen Original-Loosen befriedigen zu können, dann die Betrachtung, dass die Spielparteyen fast durchgehends, die über ihre gemachten Einsätze von den Lotto-Gefällsämtern ausgestellten Originallose unbehoben zu lassen, und sich blos mit den ihnen von den Lotto-Collectanten ausgehändigten, nicht ganz sichernden Interims-Scheinen zu begnügen pflegen, hat Uns bewogen, dem Lotto-Geschäfte mit Beseitigung der bisher üblich gewesenen Lotto-Lose durch Einführung ämtlich controllirter Einlagsscheine eine einfachere, für das spielende Publicum bequemere, seine diessfälligen Rechte und Ansprüche vollständig sichernde Einrichtung zu geben, und zugleich die zur wirksamen Beseitigung aller Benachtheiligungen Unseres Lotto-Gefälls nothwendig befundenen Massregeln festzusetzen.

In dieser Absicht erklären Wir hiermit alle früheren Lotto-Verordnungen für aufgehoben, und verordnen, dass sich in Zukunft sowohl von Unseren Lotto-Gefälls-Behörden, als auch von den Parteyen nach folgenden Grundsätzen und Bedingungen benommen werden solle.

§ 1. Die Einsätze in die Zahlenlotterie geschehen nach Massgabe des bisher bestandenen, bereits allgemein bekannten Spiel-Tarifs, und können auf vier verschiedene Arten gemacht werden, nähmlich: auf unbestimmte Auszüge, auf bestimmte Auszüge, auf Amben, und auf Ternen.

§ 2. Jeder auf einen unbestimmten Auszug eingelegte Geldeinsatz wird im Gewinnsfalle vierzehn Mal, und auf einen bestimmten Auszug sieben und sechzig Mal, auf eine Ambo zweihundert vierzig Mal, und auf eine Terno viertausend achthundert Mal bezahlt.

§ 3. Jedermann hat unbeschränkte Freyheit, sowohl die Zahlen als auch die Spielart nach Belieben zum wählen, das Spiel nebst dem baaren Geldbetrage (welcher sich jedoch niemals unter drei Kreuzern für einen einzelnen Satz belaufen darf), portofrei an das betreffende Lotto-Gefälls-Amt zu senden, hiermit den Wettcontract anzutragen, und die ämtliche Genehmigung desselben ohne welche der Contract nicht zu Stande kommen kann, einzuholen.

§ 4. Wer die Postspesen vermeiden, und sein Spiel einem aufgestellten Lotto-Collectanten anvertrauen will, hat demselben die gewählten Zahlen, so wie die Spielart, und den Betrag des Geldeinsatzes klar und deutlich vorzutragen, auch zugleich Bedacht zu nehmen, dass alles richtig in die Original-Listen eingetragen werde, und in dieser Rücksicht sich das ganze Spiel nach geschehener Registrirung zurücksagen zu lassen; weil nach den Ziehungen immer nur nach dem Inhalte der Original-Listen allein entschieden, und jedes Vorgehen von Seiten der Parteyen, als wären andere Zahlen gespielt oder ein anderer Einsatz gemacht worden, durchaus nicht beachtet werden kann.

§ 5. Kein Einsatz kann auf Credit angenommen werden. Ueber den baar erlegten Geldbetrag hat der Collectant einen Einlagsschein nach dem hier beigefügten Muster

K. K. Lotto-Einlagsschein der Coll. Nr.	
Zur Ziehung am 1813	
A.　　　　in　　　　1238	
Marg.	
Drei Monate gültig	
(Stempel)	N. N. Lotto-Collectant.

Kaiserlich.

worauf die Collecteurs-Nummer, der Ziehungstag, der Ziehungsort, das erste und letzte Marginal, unter welchem das gemachte Spiel in die Originalliste eingetragen wurde, angemerkt, und die Namensunterschrift des Collectors beygefügt sein muss, dem Spieler einzuhändigen.

§ 6. Diese Einlagsscheine werden den Lotto-Collectanten in Verbindung mit den Gegenscheinen, mit welchen sie ein Ganzes ausmachen, von Seite des Amtes auf Rechnung vorgegeben; sie stehen daher unter ämtlicher Controlle, und sind in dieser Hinsicht mit einem Controll-Buchstaben, dann mit einer Controll-Nummer, und der Firma Unserer Lotto-Gefälls-Direkzion, welche zwischen dem Einlagschein und dem Gegenscheine durchläuft, bezeichnet.

Die ersteren werden bei ihrer Aushändigung an die Parteyen von den letzten mitten durch die Firma abgeschnitten, und diese müssen von dem Collectanten bei vollendeter Collecte zugleich mit den Original-Listen an das betreffende Lotto-Amt dergestalt eingesendet werden, dass dieselben wenigstens 24 Stunden vor der Ziehung zur erforderlichen Amtshandlung daselbst einlangen.

§ 7. Ausser den vorgeschriebenen, allein legalen Einlagsscheinen dürfen andere, wie immer gestaltete Scheine, als durchaus ungültig, weder von den Collectanten ausgegeben, noch von den Parteyen angenommen werden.

§. 8 Wenn aus was immer für einer Ursache das von dem Collectanten gesammelte Spiel nicht mehr vor der Ziehung bei dem Amte eintreffen sollte, so kann der Wett-Contract zwischen dem Lotto-Gefälle und den Spielenden nicht abgeschlossen werden. Für diesen Fall wird daher jedem Collectanten eine Anzeige des Amtes unter amtlicher Firma zur Bekanntmachung an die Spieler zugesendet werden, damit diese ihre Einsätze gegen Zurückgabe der Einlagscheine längstens in drei Monaten (nach deren Verlauf sie sonst für unser Aerarium verfallen), zurückbeheben. Die zu spät eingelangten Spiellisten aber werden von dem Amte zurückbehalten, um die Collectanten wegen der richtigen Zurückzahlung der Geldeinsätze an die Spieler controlliren zu können.

§ 9. Bei richtiger Ankunft des Spiels bleibt Unserem Lotto-Gefälle ebenso, wie den Parteyen, zufolge des § 3 in Ansehung der Wahl desselben für jeden Fall das unbedingte Recht vorbehalten, die angetragenen Spielsätze ganz oder zum Theil anzunehmen, oder dieselben ohne weiteres unangenommen zurückzuweisen.

§ 10. Ueber die allenfalls verminderten, oder ganz gesperrten Spieleinsätze wird den Collectanten von Seite des Amtes jedesmal eine mit amtlicher Firma versehene Note mit der Anzeige der Marginalien, unter welchen die betreffenden Einsätze in den Listen eingetragen wurden, dann des von dem Lotto-Gefälle nicht angenommenen Geldbetrages, zugestellt werden.

Diese Noten, welche die Collectanten im Original innerhalb der Collectur zu Jedermann's Einsicht bereit zu halten haben, müssen auch ausserhalb der Collectur in Abschrift angeschlagen werden; damit jeder Spieler hieraus ersehen könne, ob und welche Einsätze etwa gemindert oder gesperrt worden sind.

§ 11. Die verminderten oder gesperrten Einsatzbeträge können von dem Lotto-Collectanten nur gegen Einlösung der Einlagsscheine, und immer erst nach geschehener Ziehung zurückbezahlt werden, weil die Einlagsscheine, welche oft für mehrere Einsätze zugleich gelten, auch in den Gewinnstfällen zur Beziehung der gewonnenen Beträge erforderlich sind, welche zu Folge des § 13 gleichfalls nur gegen Zurückgabe dieser Scheine ausgefolgt werden. Jene geminderten und gesperrten Geldeinsätze aber, welche nicht längstens in drei Monaten, vom Ziehungstage gerechnet, von den Parteyen behoben werden, sind denn ohne weiteres verfallen.

§ 12. Die Lotto-Ziehungen werden an den immer vorher bekannt gemachten Tagen, in Gegenwart der hierzu ernannten Commissäre, mit den bisher üblich gewesenen Formalitäten vor sich gehen. Die dabei gezogenen fünf Zahlen bestimmen die Gewinnste nach dem Verhältnisse der hierauf gemachten, und von dem Lotto-Gefälle angenommenen Einsätze.

§ 13. Die Gewinnste werden in jenen Lotto-Collecturen, welche im Amtsorte befindlich sind, jedesmal schon am ersten Tage nach jeder Ziehung (Sonn- und Festtage ausgenommen) an die Ueberbringer der Original-Einlagsscheine, welche immer für die rechtmässigen Eigenthümer gelten, baar und ohne allen Abzug ausgezahlt werden. In den von dem Standorte des Amtes entfernten Collecturen wird gleichfalls auf die baldmöglichste Gewinnstberichtigung Bedacht genommen, und wenn solche Collecturen etwa nicht mit dem hierzu erforderlichen Geldbetrage versehen wären, dieselben auf das Schleunigste damit betheilt werden.

§ 14. Alle Gewinnste, unter dem Betrage von Eintausend Gulden, sind in den nähmlichen Lotto-Collecturen, wo die Einsätze hierauf gemacht worden sind, jene hingegen, welche sich auf Eintausend Gulden und darüber belaufen, unmittelbar bei den betreffenden Lotto-Gefälls-Cassen selbst zu beheben; doch werden auch diese Gewinnstbeträge auf Verlangen der Parteyen, also nur auf ihre Gefahr, und ohne weitere Haftung des Gefälls, gegen Einlegung der Erlagsscheine bei dem Amte, entweder an sie selbst, oder an ihre Committenten, oder an die Lotto-Collectanten erfolgt und versendet werden.

§ 15. Ohne Beibringung und Zurückstellung der Original-Einlagsscheine kann schlechterdings in keinem Falle weder ein Gewinn angesprochen, noch die Zahlung geleistet werden. Das Nähmliche gilt auch dann, wenn die Einlagsscheine durch etwaiges Beschneiden, Zerreissen oder auf eine andere Art eine wesentliche Beschädigung an ihren Unterscheidungstheilen erhalten hätten.

§ 16. Sollte wider Vermuthen ein rechtmässiger Gewinn von einem Collecteur verweigert oder nicht vollständig gezahlt werden wollen, so hat die Partey bei Verlust ihres Recurs-Rechts an das Gefäll, den Einlagsschein nicht an den Collectanten auszuhändigen, sondern zurück zu behalten; und mittels dessen (jedoch während des unter dem 23. § bestimmten, peremptorischen Termines, nach dessen Verlauf keine Gewinnstforderung mehr Statt findet) bei der Lotto-Gefällsbehörde selbst um die Bezahlung einzuschreiten.

§ 17. Die Gewinnste werden einzig nur nach dem Inhalte der in den Lotto-Archiven aufbewahrten Original-Listen der Collectanten, welche zu Folge § 4 allein die von den Parteyen ausgegebenen, und von dem Amte ausgenommenen Spiele enthalten, keineswegs aber nach den von den Collectanten blos zur Notiz der Ersteren, auf die Einlags- oder sonstige Zettel copirten Spieleinsätzen berichtiget.

§ 18. Für die möglichen Fälle, dass jemals, ungeachtet der den Partheyen in § 4 zur Vermeidung aller Irrungen und Fehler empfohlenen Vorsichtsmassregeln, dennoch tarifwidrige Spiele, d. h. solche Einsätze, wo der ausgeschriebene Geldbetrag mit der Anzahl der Nummern und der Promesse nicht übereinstimmend ist, in die Original-Listen eingetragen, und bei der ämtlichen

Revision, ungeachtet aller dabei angewandten Sorgfalt doch übersehen und unverbessert gelassen worden wären, müssen die Gewinnste immer genau nach den in den Geld-Colonnen der Original-Listen ausgesetzten, und von dem Gefälle angenommenen Geldeinsatz-Beträgen, welche nach den Ziehungen keiner Abänderung mehr unterliegen dürfen, berechnet und bezahlt werden. Hienach würde z. B. der Gewinn auf das Spiel von zwei Zahlen, welches in der Liste zu 3 (Ambo solo zu drei Dukaten) mit fünf Kreuzern eingetragen stünde, nicht nach der fehlerhaften Promesse mit drei Dukaten oder zwölf Gulden, sondern nach dem verrechneten Geldeinsatze mit fünf Dukaten oder zwanzig Gulden zu berichtigen seyn.

Auf gleiche Weise müsste bei drei Zahlen, wenn jede innerhalb der Colonne zu vierzehn Kreuzern auf Auszug (Extract) eingeschrieben, aber in der Geld-Colonne, anstatt mit zwei und vierzig Kreuzern, mit dem zu geringen Betrage von acht und zwanzig Kreuzern verrechnet, der Gewinn eines getroffenen Auszuges nicht auf vierzehn Kreuzer, sondern nur nach dem von dem Amte angenommenen Geldbetrage zu neun, ein Drittel Kreuzer, angeschlagen, und mit zwei Gulden, zehn, zwei Drittel Kreuzern oder nach Abschlag der Kreuzer-Bruchtheile, welche bei Gewinnsten wegzufallen haben, mit zwei Gulden, zehn Kreuzern bezahlt werden.

§. 19. Bei den zu Ambo und Terno zugleich gespielten Einsätzen von drei oder mehreren Zahlen, welche mit einem unrichtigen Geldbetrage eingeschrieben und unverbessert gelassen worden wären, wird niemals die ausgesetzte Ambo-Promesse, wenn der angeschriebene Geldeinsatz so viel oder noch mehr beträgt, als die Ambe kostet, sondern immer nur die Terno-Promesse nach dem von dem Geldeinsatz erübrigenden Betrage regulirt, und hiernach der Gewinn berichtigt. Z. B. wenn in der Liste fünf Zahlen mit dreizehn Kreuzern Einsatz und mit der falschen Promesse $^{1}/_{200}$ (der Ambo zu einem, der Terno zu zweihundert Dukaten) eingetragen stünde; so würde der Ambo, welcher zehn Kreuzer kostet, unverändert gelassen, die von dem ganzen Geldeinsatze von dreizehn Kreuzern übrigbleibenden 3 Kreuzer aber auf den Terno gerechnet, mithin dieser auf sechs Dukaten für den einfachen Terno herabgesetzt und gezahlt werden müssen. Wäre hingegen der ausgesetzte Geldbetrag so beschaffen, dass derselbe schon für die eingetragene Ambo-Promesse allein nicht zureichend seyn würde, so hat der ganze Geldeinsatz bloss für den Terno allein zu gelten, und kann demnach kein Ambo, sondern nur der verhältnismässige Terno-Gewinn ausgesprochen und erfolgt werden. Z. B. bei sechs Zahlen zu 1 (einem Ambo) mit zehn Kreuzern Einsatz eingeschrieben, würde, weil der Ambo allein schon fünfzehn Kreuzer kostete, der ganze Geldbetrag von 10 Kreuzern auf Terno gerechnet, mithin nur der verhältnismässige Ternogewinn, welcher bei getroffenen drei Zahlen zehn, bei vier Zahlen vierzig, bei fünf Zahlen hundert Dukaten beträgt, gemacht, aber kein Ambo gewonnen werden.

§ 20. In Absicht auf die unentdeckt gebliebenen Duplicate, d. h. solche Spiele, wo zwei ganz gleiche Zahlen in einem einzelnen Spielsatze vorgefunden würden, bleibt festgesetzt: dass die gleichlautenden Zahlen immer nur für eine einzige Zahl zu gelten haben und die Gewinnste verhältnismässig nach der Geldeinlage dergestalt berichtigt werden, als ob die Duplicat-Zahlen nur einmal eingeschrieben worden wären. Hienach kann also bei einem Duplicate in zwei Zahlen zu Ambo-Solo gespielt für den ganzen Geldeinsatz bloss ein Auszugsgewinn (Extract), in drei Zahlen zu Ambo-Terno, oder Terno allein gespielt, blos ein Ambo-Solo-Gewinn erreicht, bei Duplicaten in Spielen von vier und mehr Zahlen aber, welche sich dann ebenfalls wegen der ungültigen Duplicat-Nummern auf weniger Zahlen vermindern, muss die Promesse nothwendiger Weise nach dem Geldeinsatze, zu Folge der unten dem 19. § enthaltenden Grundlagen erhöhet, und der angemessene Gewinn erfolget werden.

§ 21. Bei allen in der Amts-Revision vorgefundenen, folglich vor den Ziehungen verbesserten tarifwidrigen Einsätzen werden die Gewinnste durchgängig nach der ämtlich abgeänderten Promesse und dem regulirten Geldeinsatze gezahlt. Bei diesen Verbesserungen, welche der Natur der Sache gemäss nur nach ämtlichem Gutdünken geschehen können, folglich das Lotto-Gefäll keineswegs verantwortlich machen, wird, so viel als möglich, der Grundsatz befolgt, dass der in den Listen ausgesetzte Geldbetrag nicht vermindert, wohl aber nach Befund erhöhet und die Promesse hiermit übereinstimmend gemacht werde. In Ansehung jener Spiele, welche etwa ohne Promesse, oder ohne Geldeinsatz in den Listen eingetragen worden wären, kann die eine und die andere von Seite des Lotto-Amtes gleichfalls nur nach Gutbefinden ausgesetzt, und hiernach die Gewinnstzahlung geleistet werden. Dieses ist auch von den verbesserten Duplicat-Nummern zu verstehen.

§ 22. Auf die Lotto-Gewinnste findet weder ein gerichtliches, noch sonstiges Verbot statt. Selbst in dem Falle, dass ein Spieler die Vormerkung auf einen verlorenen Einlagsschein wegen eines hierauf fallen mögenden, oder bereits haftenden Gewinnstes verlangen würde, kann solcher nur insofern zugelassen werden und von Wirkung seyn, als der allfällige Finder desselben auf die hiemit gemacht werden könnenden Ansprüche freiwillig Verzicht leisten würde; weil überhaupt nur der Grundsatz, dass der Inhaber eines Einlagsscheines auch als rechtmässiger Eigenthümer anzusehen sey, zu gelten hat.

§ 23. Für die Lotto-Gewinnste haftet Unser Aerarium durch drei Monate, von dem Tage jeder Ziehung gerechnet, binnen welchem Zeitpunkt jedoch die betreffenden Einlagsscheine nicht nur bei den Lottocollecturen, sondern schon bei dem Amte selbst eingelegt seyn müssen. Nach Verlauf dieses Termins sind alle, aus was immer für einer Ursache unbehoben gebliebenen Gewinnste schlechterdings verfallen, und die diessfälligen Einlagsscheine ganz ungültig.

§ 24. Alle Einsätze in ausländische, wie immer geartete grosse Lotterien, sie mögen für eigene oder fremde Rechnung geschehen, sind unter der bisher bestimmt gewesenen Strafe von fünfzig Dukaten zu vier fl. dreissig kr., oder zweihundert fünf und zwanzig fl. W. W. für jedes einzelne ganze oder Classenlos, wozu sowohl der Käufer, als der Verkäufer oder Commissionär und zwar jeder insbesondere zu verhalten seyn wird, verboten. Für Viertel- oder halbe Lose, welche jedoch nur dann als solche zu betrachten sind, wenn diese Eigenschaft auf dem Lose selbst ausgedrückt ist, bleibt der für ganze oder Classenlose festgesetzte Strafbetrag nach dem Verhältnis dieser Theillose zu dem Ganzen und zwar für jedes Viertellos mit zwölf, einem halben Dukaten, und vier fl. dreissig kr., oder sechs und fünfzig fl. fünfzehn kr., und für jedes halbe Los mit fünf und zwanzig Dukaten, oder einhundert zwölf fl. dreissig kr. W. W. bestimmt.

§ 25. Die Einsätze in ausländische öffentliche Zahlenlotterien, dann in ausländische Privat-Zahlen-Lotteriecollecturen oder Banken, diese mögen nun auf aus- oder inländische Ziehungen Spiele sammeln, sind bei Strafe von 1 Dukaten oder vier fl. dreissig kr. W. W. für jeden dahin eingelegten Kreuzer untersagt.

§ 26. Den in dem 24. und 25. § festgesetzten Strafen unterliegen auch jene Ausländer, welche mit dem Absatze oder Verbreitung solcher Lose an Inländer in Unseren Staaten betreten werden, und ist sich derselben, wenn sie bei der Betretung die patentmässige Geldstrafe nicht erlegen können, mit der in dem 31. § angeordneten Verhaftung sogleich zu versichern.

§ 35 [1]). Wenn die Uebertretung dieses Strafgesetzes in den Spielen in das Ausland, oder in Gegenständen, worauf die Geldstrafe von wenigstens fünf Dukaten gesetzt ist, durch Ein Jahr, von dem geendigten Spiele anzurechnen, in minderen Uebertretungsfällen aber durch drei Monate unentdeckt geblieben ist, so ist die dadurch verwirkte Strafe für verjährt zu halten.

§ 36. In Fällen, wo durch Verfälschung, Untersuchung oder Nachahmung der neuen Lotto-Scheine die Erreichung eines unrechtmässigen Gewinnes versucht oder erzielt wird, ist wider den

---

[1]) Die §§ 27—34 einschliesslich handeln vom Ausspielen von Waaren, Realitäten u. s. w., von Glückshäfen, von dem Lotto ähnlichen Spielen, nämlich Tombola und Biribis, und deren Bestrafung.

Thäter nach dem 24. Hauptstücke des Gesetzes über Verbrechen § 178, lit. D., oder nach Beschaffenheit der That § 180, lit. E. und § 181 und 182, von dem betreffenden Criminal-Gerichte zu verfahren, gleichwie auch die Verjährung der Strafe in Hinsicht auf dieses Verbrechen nicht aus dem gegenwärtigen Gesetze, sondern aus dem 28. Hauptstück des gedachten Strafgesetzes §§ 207 und 208 einzutreten hat.

Lebenslauf.

Ich bin geboren am 12. Februar 1871 zu Wien als Sohn des Kaufmannes Ch. M. Kanner. Ich besuchte eine fünfklassige Normalschule und das Leopoldstädter Communalgymnasium ebenda und bezog im Herbst 1895 zum Zwecke philosophischer und staatswissenschaftlicher Studien die Universität Berlin, an der ich vier Semester verbrachte. Im Herbst 1897 übersiedelte ich nach Strassburg i. E. und studirte hier zwei Semester. Vorlesungen habe ich gehört: in Berlin bei Böckh, Bornhak, Breysig, Dessoir, Hoppe, Jastrow, Lasson, Liesegang, Pariselle, Preuss, Schiemann, E. Schmidt, Schmoller, Simmel und Wagner; in Strassburg bei Knapp, Laband, Mayer, v. Mayr, Sartorius Frhr. v. Waltershausen und Wittich.

Weiters hatte ich noch Gelegenheit, mich an staatswissenschaftlichen und statistischen Uebungen zu betheiligen in Berlin bei Böckh, in Strassburg bei Knapp und Wittich.

Es sei mir vergönnt, an dieser Stelle sämmtlichen Herren Docenten, an deren Vorlesungen und Uebungen ich theilgenommen, insbesondere Herrn Prof. Knapp für die freundliche Unterstützung bei der Abfassung der vorliegenden Arbeit meinen Dank auszusprechen.